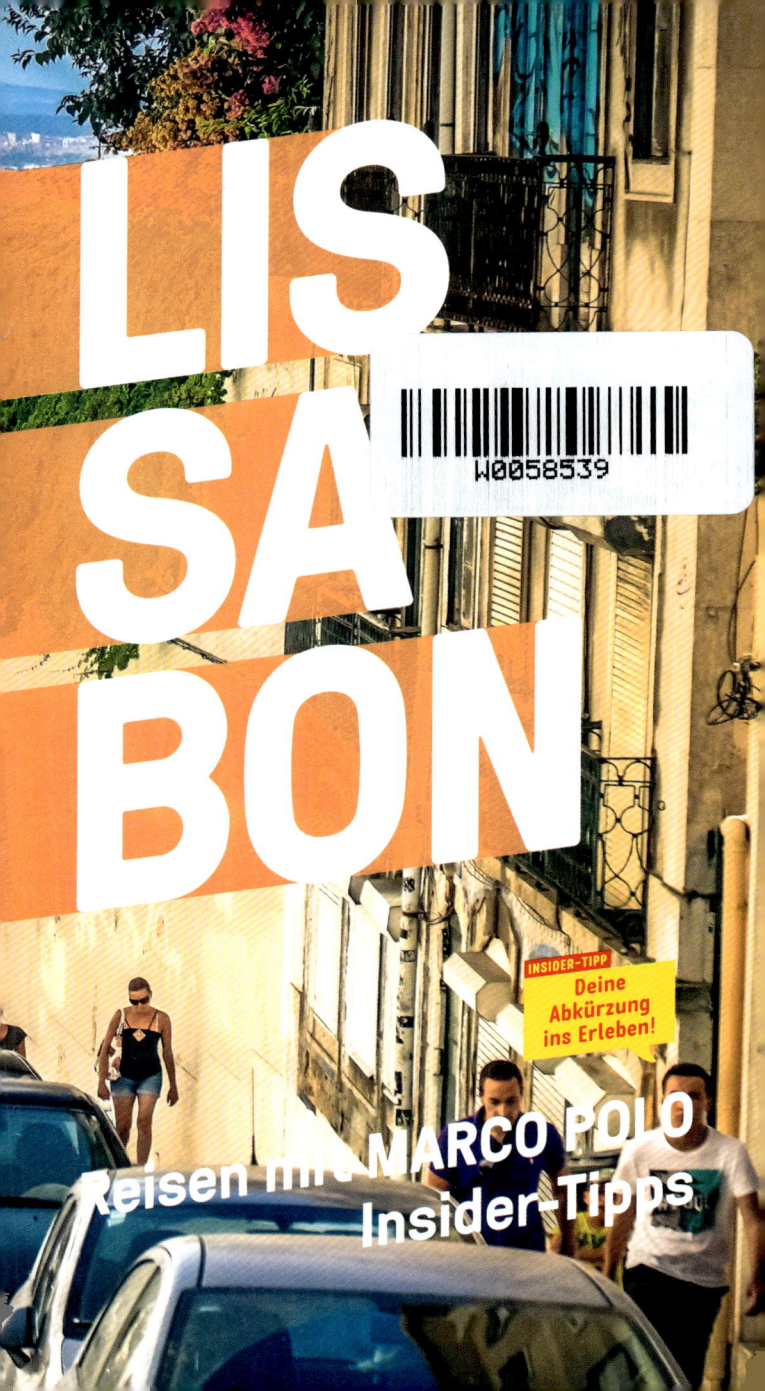

LIS SA BON

INSIDER-TIPP
Deine Abkürzung
ins Erleben!

Reisen mit MARCO POLO
Insider-Tipps

W0058539

MARCO POLO
TOP-HIGHLIGHTS

ELÉCTRICO 28 ⭐1

Mit der Tram Nr. 28 ist eine Sightseeingtour durch die Sieben-Hügel-Stadt ein tolles Erlebnis
📷 *Tipp: Für Shots ohne Mitfahrerköpfe als erster einsteigen und so weit vorne sitzen wie möglich*

➤ S. 27

CASTELO DE SÃO JORGE ⭐2

Wie eine steinerne Krone thront die Burg über dem malerischen Gassenlabyrinth der Alfama

➤ S. 34

MOSTEIRO DOS JERÓNIMOS ⭐3

Ob Katholiken, Muslime oder Nixglauber, die Steinmetzkunst im Kreuzgang im Kloster in Belém betört auch nach 500 Jahren noch (Foto)
📷 *Tipp: Das goldene Licht in einem der schönsten Kreuzgänge der Welt ist ideal für schmeichelhafte Shots*

➤ S. 50

TORRE DE BELÉM ⭐4

Der mächtige und trotzdem irgendwie verspielt wirkende Wehrturm im Tejo ist ein Symbol der Stadt und für Lissabons Goldenes Zeitalter unter Manuel I.

➤ S. 52

MUSEU CALOUSTE GULBENKIAN ⭐5

Für Lissabon hat sich's gelohnt, dem armenischen Ölmillionär im Zweiten Weltkrieg Asyl zu geben: Er vermachte der Stadt eine einzigartige Kunstsammlung
📷 *Tipp: Im lauschigen Garten kannst du auf Fotosafari gehen*

➤ S. 57

MUSEU NACIONAL DO AZULEJO ⭐6

500 Jahre Fliesen und kein Ende: Portugals einmalige Kachelkunst, dargeboten in einem prachtvollen Konvent

➤ S. 59

PARQUE DAS NAÇÕES 7

Das ehemalige Expogelände mit einem der größten Aquarien Europas wurde zum glitzernden Fortschrittssymbol Lissabons

📷 *Tipp: Tolle Luftbilder schießt du aus der Seilbahn oder vom noblen Restaurant auf dem Vasco-da-Gama-Turm*

➤ S. 58

CAFÉ LINHA D'ÁGUA 8

Portugiesische Kaffeekultur: Das Nordende der Praça Eduardo VII bietet den grünen Rahmen für das stylishe, doch unaufgeregte und untouristische Terrassencafé

📷 *Tipp: Schöne Motive liefert das Linienspiel zwischen der organischen Architektur und den Wasserflächen*

➤ S. 70

MAAT 9

Aktuelle Kunst, Architektur und Design im Hinguckerbau am Tejo

📷 *Tipp: Das dramatische Ensemble von onduliertem Rooftop, Fluss und Brücke schreit geradezu nach Instagram ...*

➤ S. 48

A VIDA PORTUGUESA 10

Geschmackvolle Souvenirs made in Portugal, nach dem Motto: „desde sempre" – „schon immer" – alle unter einem Dach

➤ S. 85

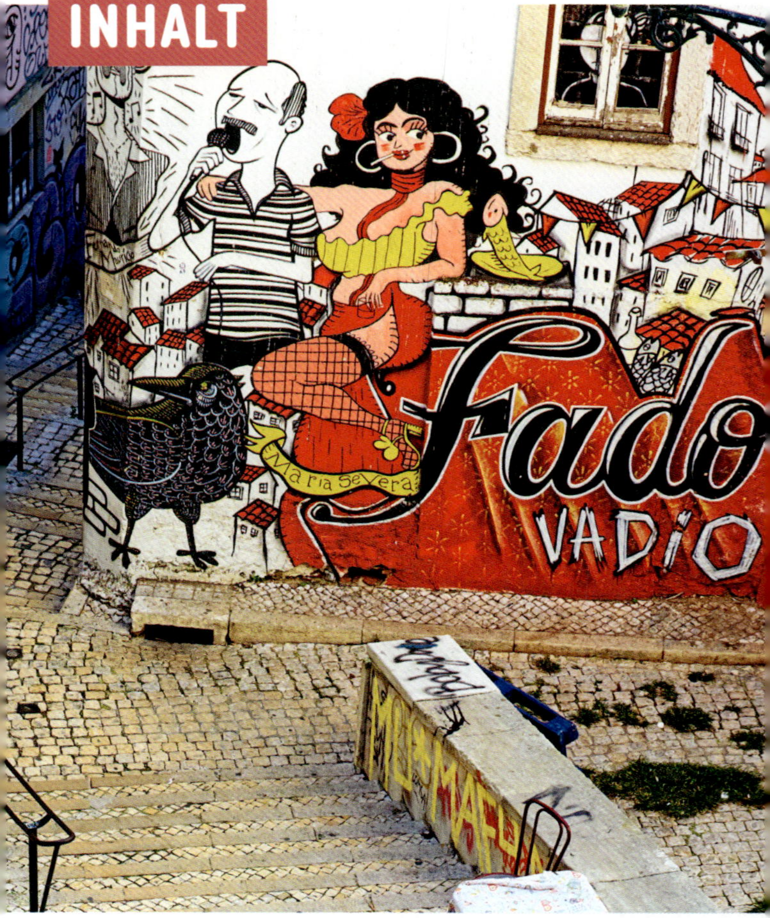

**BESSER PLANEN
MEHR ERLEBEN!**

**Digitale Extras
go.marcopolo.de/app/lis**

🕐	Besuch planen	☂	Bei Regen
€ – €€€	Preiskategorien		Low Budget
(*)	Kostenpflichtige Telefonnummer		Mit Kindern
		⚑	Typisch

(🗺 A2) Herausnehmbare Faltkarte
(🗺 a2) Zusatzkarte auf der Faltkarte
(0) Außerhalb des Faltkartenausschnitts

MARCO POLO TOP-HIGHLIGHTS
2   Die 10 besten
    Highlights

DAS BESTE ZUERST
8   ... bei Regen
9   ... Low-Budget
10 ... mit Kindern
11 ... typisch

SO TICKT LISSABON
14 Entdecke Lissabon
19 Auf einen Blick
20 Lissabon verstehen
23 Klischeekiste

26 SIGHTSEEING
30 Alfama, Mouraria & Graça
36 Baixa & Avenida
42 Chiado & Bairro Alto
45 Campo de Ourique, Lapa &
    Madragoa
47 Belém, Restelo & Ajuda
53 Außerdem sehenswert
60 Ausflüge

64 ESSEN & TRINKEN

78 SHOPPEN & STÖBERN

90 AUSGEHEN & FEIERN

AKTIV & ENTSPANNT
104 Sport, Spaß & Wellness
108 Feste & Events
112 Schöner schlafen

ERLEBNISTOUREN
118 Lissabon perfekt im Überblick
122 Architektur und Meeresbrise
    – das neue Lissabon
125 Bummel durch die Oberstadt
129 Streifzug durch die Alfama

GUT ZU WISSEN
132 **DIE BASICS FÜR DEINEN**
    STÄDTETRIP
    Ankommen, Mobil sein,
    Vor Ort, Notfälle, Wichtige
    Hinweise, Wettertabelle
142 **LISSABON-FEELING**
    Bücher, Filme, Musik & Blogs
144 **TRAVEL PURSUIT**
    Das MARCO POLO Urlaubsquiz
144 **SPICKZETTEL**
    PORTUGIESISCH
    Nie mehr sprachlos
146 **REGISTER & IMPRESSUM**
148 **BLOSS NICHT!**
    Fettnäpfchen und Reinfälle
    vermeiden

DAS BESTE ZUERST

Fast von überall in der Altstadt geht der Blick hinunter zum Tejo

BEST OF ☂

BEI REGEN

SCHÖN, AUCH WENN ES REGNET

ABTAUCHEN AUF DEM EXPO-GELÄNDE

Im *Océanario,* einem der größten Aquarien Europas, ziehen die Regenstunden so stoisch vorüber wie die Haie, Meeresschildkröten und Mondfische. Shop und Gastronomiebereich wurden vor Kurzem aufgefrischt.
➤ S. 58

LASS ANSPANNEN!

Das *Museu Nacional dos Coches* in Belém, mit seinen prachtvollen historischen Kutschen das beliebteste Museum Lissabons, ist jetzt im ehrgeizigen „schwebenden" Neubau untergebracht – und hat eine neue Brücke, auf der man zum Fluss rüberlaufen kann, sobald der Regen aufgehört hat.
➤ S. 49

ALLES UNTER DACH UND FACH

Ein Gang durch die Markthalle des *Time Out Mercado da Ribeira* ist ein Ritt durch die Lissabonner Trendgastronomie: Gourmethamburger, Wokküche, Fusions-Sushi, Sandwiches im Süßkartoffelbrötchen, Portwein-Probierstand, Satelliten der Starköche der Stadt plus „normaler" Wochenmarkt.
➤ S. 86

SHOP TILL YOU DROP

Misch dich unter die Lissabonner, die sich trotz prekärer Finanzen den Spaß am Shopping(-Center) nicht nehmen lassen. Edle Läden und People Watching unter postmodernen Türmen im *Amoreiras,* im *Vasco da Gama* (Expo-Gelände) oder im *Centro Comercial Colombo.*
➤ S. 82, 83

IDEEN- UND KULTURFABRIK

In der *LX Factory* werden heute statt Textilien Ideen produziert. Nahrung für Kopf und Körper gibt's u. a. in Restaurants, einer Buchhandlung (Foto), in Designläden, Bars und Cafés.
➤ S. 99

BEST OF
LOW-BUDGET
FÜR DEN KLEINEN GELDBEUTEL

GRATIS-STADTTOUR

Heute hast du beim Mega-Angebot an Guides, die mit bunten Riesenschirmen bewaffnet ihre Gruppen zusammenhalten, die Qual der Wahl. Mit Witz führen die erfahrenen *Wild Walkers* auf verschiedenen Routen und mit unterschiedlichen Schwerpunkten (Pub Crawl, Fadoabend) durch ihre Stadt. Die Stadttouren kosten nichts, ein Trinkgeld ist für das Engagement der jungen Wilden aber nur fair.

➤ S. 137

HOP-ON-HOP-OFF AM WASSER

Plötzlich tummeln sich alle möglichen Wasserfahrzeuge auf dem Tejo – wunderbar! Die zzt. günstigste Version: das *Lisboat (lisboat.com)*. Das blaue Schiffchen tuckert den Fluss entlang und lässt dich an verschiedenen Haltestellen (Cais do Sodré, Ribeira das Naus, Torre de Belém) an Land springen – und dann wieder an Bord. Auch andere Kurzstrecken sind möglich.

RELAXEN IM MUSEUMSGARTEN

An schönen Grünflächen herrscht in Lissabon zum Glück kein Mangel. Ein Geheimtipp ist aber der verschlungene Garten am *Museu Calouste Gulbenkian:* Das grüne Labyrinth wird gern von Pärchen zum *namorar* (Flirten), für Picknicks und ruhige Lese- und Rauch-Sessions genutzt (Foto). Das Museum kostet Eintritt, der Garten nicht.

➤ S. 58

SOFA-ANSCHLUSS

Gratis bei Locals unterkommen? Aber sicher doch! Dafür kochst du deinem Host vielleicht etwas Leckeres und bringst etwas Typisches von deiner Kultur mit bzw. ein. Die sympathische Lissabonner Couchsurfer-Community (*couchsurfing.com,* Registrierung über Facebook oder Mailadresse) hat diverse Untergruppen für verschiedene Aktivitäten, für Sprachaustausch oder einfach nur informelle Treffen.

BEST OF
MIT KINDERN

SPANNENDES FÜR GROSS & KLEIN

ZU LANDE UND ZU WASSER

Hey, ho, *Hippotrip,* we go! In dem knallgelben Amphibiengefährt erlebt die ganze Familie die Stadt aus einer völlig neuen Perspektive! Der spannende Moment, wo man die Rampe Richtung Wasser hinunterrollt, wird für alle – ob jung oder alt – zum Höhepunkt! Damit auch die Kleinen genug sehen können, gibt's für Kinder Sitzerhöhungen.
➤ S. 136

VIEL PLATZ ZUM SPIELEN

Im weitläufigen *Parque das Nações,* dem ehemaligen Expo-Gelände, gibt es Spielplätze, Gärten, ein Wissensmuseum für Kinder, eine Schwebebahn, eine Reihe wasserspeiender Kegel, das phantastische Ozeanarium und (in der Nähe der Brücke) einen Skaterpark. Der Parkeintritt ist frei, die Sehenswürdigkeiten kosten jeweils extra.
➤ S. 58

LISSABON FÜR KINDER

Seien wir mal ehrlich: Normale Stadtführungen sind für Kinder meist gähnend langweilig. *Lisbon for Kids* dagegen organisiert private Führungen, speziell ausgerichtet auf Familien mit Kindern und das sogar auf Deutsch! Außerdem wird Babysitting angeboten. Und wer möchte, leiht sich für die Kleinen einen Buggy aus.
➤ S. 137

AB IN DEN SAND!

Genau der richtige Strandmix für Familien ist die *Praia de Santo Amaro de Oeiras:* leicht und schnell zu erreichen (15 Min. vom Cais do Sodré), mit Sand, seichtem Wasser und Felsenpools für junge Naturforscher, Beachbar und Restaurants (im Park hinter der Promenade). Auch außerhalb der Sommersaison schön fürs People Watching – und: Hier trefft ihr viele Portugiesen …
➤ S. 63

BEST OF 🚩

TYPISCH

DAS ERLEBST DU NUR HIER

AUF UND NIEDER
Rettung für Fußlahme sind die für Lissabon charakteristischen *elevadores*, Standseilbahnen und Aufzüge, die seit über 100 Jahren die Unter- mit der Oberstadt verbinden. Wer den Trip im eisernen Turm des *Elevador de Santa Justa* von oben nach unten angeht, muss nicht so lange anstehen!
➤ S. 39

KAFFEEKULTUR
Studenten und Büromenschen, ältere Damen und die Wellenreiter haben eins gemeinsam: Sie suchen bei jeder Gelegenheit Cafés auf. Das können echt portugiesische sein: hell und laut, trendige Kaffeeröstereien, wo Englisch Arbeitssprache ist, oder Terrassencafés wie das *Pão de Canela.*
➤ S. 72

DER PORTUGIESISCHE BLUES
Dem *Fado* mit seiner melancholisch-sehnsuchtsvollen Grundstimmung begegnest du in Lissabon an allen Ecken der Altstadt. Mit ein bisschen Recherche lauschst du dem *aiiiiiiii* zwischen Portugiesen.
➤ S. 20, 97

FAHRN, FAHRN, FAHRN, MIT DER STRASSENBAHN ...
Die nostalgischen gelben Straßenbahnen (Foto) werden auch von Lissabonnern genutzt. Atemberaubend die berühmte *Nr. 28,* die durch enge Gassen im Zentimeterabstand zu den Hauswänden bergauf und bergab ächzt.
➤ S. 27

HISTORISCHES PFLASTER
Die berühmte *calçada,* der kunstvoll verlegte Straßenbelag, nimmt mitunter tolle Formen an. Manche sind einfach zu erkennen, wie das Wellenmuster vom Rossio, andere erfordern Adleraugen, wie die Muster zwischen Brasileira-Café und Benetton (Chiado).
➤ S. 40

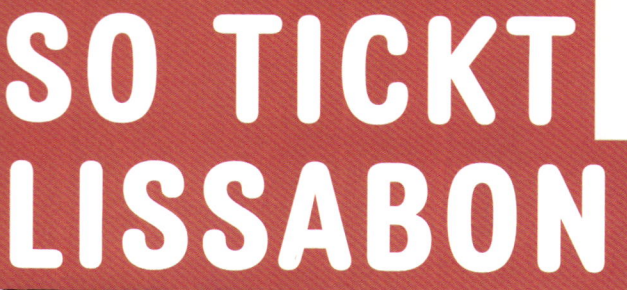

SO TICKT
LISSABON

In der engen Altstadt müssen auch die Balkone genutzt werden

Verschachteltes Häusermeer in Rot und Weiß: Blick auf die Alfama

ENTDECKE LISSABON

Lissabon ist angesagt. Der Tourismus boomt. Es regnet weiterhin Preise auf die portugiesische Hauptstadt: beste Citydestination Europas, bester Kreuzfahrtschiffhafen … Goldgräberstimmung macht sich breit. Bis 2028 noch hostet die Stadt den WebSummit, der jedes Jahr Zehntausende Informatikprofis versammelt. Poplegende Madonna und Schauspielerin Monica Belucci schlugen ihre Zelte in der Stadt auf. Lissabon ist ein Darling auf Instagram. Nicht von ungefähr bleiben Fotografen und Künstler oft hier hängen: Sie lieben die fotogenen Kontraste von Tradition und Moderne, den gewissen morbiden Charme und das ganz besondere Licht.

Die Anlage der Stadt auf den sieben Hügeln funktioniert wie ein Amphitheater, das Kalkweiß des dekorativen *Calçada-portuguesa*-Mosaiksteinpflasters reflektiert die Sonnenstrahlen. Dazu diese Farben: das Blau des Himmels über strah-

7. Jh. v. Chr.
Die Phönizier errichten einen Stützpunkt am Tejo; es folgen Keltiberer, Römer, Barbaren – und die Mauren (Anf. 8. Jh.)

1147
Nach langer Belagerung räumt der 1. portugiesische König, Afonso Henriques, die Burg von den Mauren

1580–1640
Kastilische (spanische) Herrschaft über Portugal; 1588 sticht die Armada von Lissabon aus in See

1755
Verheerendes See- und Erdbeben

1926
António Salazar wird erst Finanzminister, dann Präsi-

lend weißen Kirchen, das sonnige Gelb der Straßenbahnen und Busse, das freundliche Hellrot der Dachziegel, das Lila der Jacarandábäume im Frühsommer und zwischen allem der silbern glitzernde Tejo. Wenn es eine goldene Regel in Lissabon gibt, dann die: Immer genug Speicherplatz auf dem Smartphone haben!

1A LEBENSQUALITÄT

Ein weiterer Trumpf der Stadt ist Sonne satt. Lissabons 3300 Sonnenstunden im Jahresschnitt sind Spitze in Westeuropa. Das Klima ist mediterran, aber meist weht ein kühlendes Lüftchen vom Atlantik, sodass die Stadt auch im Hochsommer nicht überhitzt. Auch wenn das Meer erst ein Dutzend Kilometer vom Stadtzentrum entfernt beginnt, Ferienfeeling macht sich am Tejo trotzdem schnell breit. Das Flussufer wird immer weiter erschlossen: Wer mag, kann von der Praça do Comércio bis nach Belém spazieren. Und: Noch ist die Stadt bezahlbar. Zwar haben die Preise in den letzten Jahren angezogen, aber es ist immer noch möglich, für 15 Euro wunderbar zu Mittag zu essen. Und ein günstiges Bett findet sich in einer der weltbesten Hostelstädte auch. Gleichzeitig ist Lissabon eine menschliche Stadt. *Só um bocadinho* – nur ein Momentchen – ist die beschwörende Antwortformel von Kellnern und Verkäufern auf eilige Bestellungen. In einer Stadt, die schon so viel erlebt hat, sind die Menschen gelassen …

Und sie hat viel erlebt: Die Phönizier waren die Ersten, die einen Handelsstützpunkt hier einrichteten. Später hat sich karthagisches, ibero-keltisches, römisches, germanisches, maurisches, jüdisches, afrikanisches, brasilianisches und

dent und regiert vier Jahrzehnte als Diktator; erst 1968 gibt er die Macht nach einem Unfall ab; er stirbt 1970

1974
Die „Nelkenrevolution" beendet die Diktatur des Estado Novo

1998
EXPO „Erbe der Weltmeere"

2017
Finale des Eurovision Song Contest in Lissabon

2020
Im ersten Pandemiejahr ist Lissabon Umwelthauptstadt Europas

2024
50 Jahre Nelkenrevolution – das wird gefeiert …

südostasiatisches Erbe zu einer besonderen Identität vermischt – was sich in Toleranz niederschlug, die heute noch zu spüren ist. Im Stadtbild finden sich Überreste der fünf Jahrhunderte römischer Herrschaft, als die Stadt Olissipo hieß. Etwa steinerne Tanks zum Einsalzen einer Fischwürzsauce, die als begehrte Delikatesse von hier ins gesamte Imperium verschifft wurde. Als die Römer sich Ende des 5. Jh. notgedrungen zurückzogen, um die Grenzen ihres Reichs zu verteidigen, entstand ein Machtvakuum, das schnell besetzt wurde: von Westgoten und Alanen, und von Sueben aus dem heutigen Süddeutschland. Ab Anfang des 8. Jh. überrollten vom Süden die Mauren – arabische Eroberer – die iberische Halbinsel. Ihnen verdankt die Stadt die trutzige Castelo-Burg, in deren Windschatten maurische, christliche und jüdische Bürger in Al Uxbuna lebten.

MULTIKULTI IN DER ALTSTADT

Die religiöse Toleranz fand 1147 mit der christlichen Rückeroberung durch ein bunt gemischtes Kreuzfahrerheer eine Ende. Die Mauren wurden in ein Viertel auf der flussabgelegenen Seite des Burghügels gedrängt, in die Mouraria, lange Zeit sozial benachteiligt – heute *das* Trendviertel der Stadt. An Fotomotiven fehlt es hier nie: vielleicht eine Osterprozession, das chinesische Neujahrsfest oder eine Farbbeutelschlacht junger Inder zum Holi-Festival auf dem Multikultiplatz Martim Moniz. Im alten Maurenviertel hört man Dutzende von Sprachen; über 50 Nationen leben hier im Großen und Ganzen harmonisch nebeneinander. Der gebürtige Togolese Naky führt durch das reiche und komplexe afrikanische Erbe der Stadt

INSIDER-TIPP
Afrika in Lissabon

(africanlisbon.com); 2022 gab es einen „Community Healer Award" dafür.

Das Sprachengewirr gehört ebenso zum Soundtrack von Lissabon wie das Rattern und *Brrrrinnnggg* der historischen Straßenbahnen oder die Rufe der fliegenden Losverkäufer: *Hoje anda a rooooda!* („Heute dreht sich das Glücksraaaaaaad!"). Ganz nebenbei: Keine andere europäische Nation gibt pro Kopf so viel Geld für Lose aus wie die Portugiesen! In den warmen Monaten drängen von überall Musikfetzen ans Ohr, Open-Air-Konzerte von Fado bis Oper. Fester Bestandteil der Lissabonner Stadtmusik ist heute auch das Rattern der Touristentrolleys auf dem Kopfsteinpflaster. Weitaus angenehmer fürs Ohr ist die weiche portugiesische Sprache, die mit Kenntnissen anderer romanischer Sprachen zumindest einigermaßen lesbar ist. Beim Verstehen des Gesprochenen sieht es anders aus: Für ungeübte Ohren ist *português* ein nasaliertes Nuschelfest.

Der größte Einschnitt in der Stadtgeschichte war am 1. November 1755: Ein Erdbeben mit einem tagelang wütenden Feuer legte die Stadt in Schutt und Asche. Das furchtbare Beben war DIE Chance für die Stadtplanung: Der Mann der Stunde war der Marquês de Pombal. In Rekordzeit ließ er die neue Baixa hochziehen. Heute ist das Viertel ein Hybrid: Einerseits verdrängen immer mehr Made-in-China-Souvenirshops hundert Jahre alte Läden, andererseits erstrahlen die pombalinischen Fassaden in neuem Glanz. Dass so viel alte Bausubstanz noch

Luftige Arkadengänge säumen die Praça do Comércio, den „Handelsplatz"

existiert – wenn auch z. T. in desolatem Zustand –, hat historische Gründe: Portugal blieb im Zweiten Weltkrieg neutral. Diktator Salazar stellte sich mit allen Kriegsparteien gut: Er unterstützte die Alliierten mit einem Luftstützpunkt auf den Azoren, Nazideutschland mit der Lieferung von Wolframit zur Waffenherstellung. In den 1940er-Jahren war Lissabon so der letzte freie Hafen Europas. Hannah Arendt, Heinrich Mann und Stefan Zweig etwa reisten über Lissabon aus und beschrieben den Lichterglanz der Stadt als leuchtendes Symbol der Hoffnung im kriegsgeschüttelten Europa. Die Exilanten brachten Neuerungen: beispielsweise die Cafétische draußen in die Sonne zu stellen – heute eine Selbstverständlichkeit. Neu waren auch kurze Röcke und gewagte Badeanzüge in einer Stadt, die noch unter Salazars moralischem grauem Schleier lag. Salazar starb 1970, aber Europas längste Diktatur hielt sich noch eine Weile. Der Polizeistaat wurde am 25. April 1974 durch einen friedlichen Aufstand am Kolonialkrieg verzweifelnder Generäle mit Unterstützung des Volkes weggefegt: durch die „Nelkenrevolution" – benannt nach den roten Nelken (cravos) in den Gewehrläufen der Soldaten. Die Vorbereitungen für den 50. Jahrestag 2024 laufen schon.

DIE STADT BLÜHT AUF UND WIRD BUNT

Nach der Nelkenrevolution mischten sich neue Elemente in den urbanen Mix: die portugiesischen „Rückkehrer" aus Afrika, die in den neuen unabhängigen Republiken Angola und Mosambik keine Zukunft hatten. Eine halbe Million retornados kam nach Lissabon und wurde integriert, zusammen mit Emigranten aus den ehemaligen Kolonien, portugiesischen Afrikanern, die Chancen im „Mutterland" suchten. Portugals EU-Beitritt Mitte der 1980er-Jahre war wichtig – auch die Hauptstadt profitierte von EU-Zuwendungen. In den 1990er-Jahren blühte die Stadt auf; Lissabon wurde Gastgeber der Fußball-EM 1994. Zur Expo-Weltausstellung 1998 kam die ganze Welt in die portugiesische Hauptstadt; auf dem Gelände einer Industriebrache entstand ein neues Stadtviertel – das auch zwanzig Jahre später noch gut ins Stadtleben integriert ist. Die schwere Finanzkrise, die 2008 begann, traf Portugal überproportional, 2011 wurde das Land durch einen Kredit der „Troika" (aus Europäischer Zentralbank, Internationalem Währungsfonds und Europäischer Kommission) über fast 80 Mio. Euro vor dem Staatsbankrott bewahrt. Heute wird überall investiert und saniert, gebohrt und gemauert. Zu Füßen der Alfama entstand das größte Kreuzschifffahrtsterminal Europas. In den vergangenen Jahren sind die Portugiesen wieder auf den letzten Platz der europäischen Geburtenstatistik zurückgefallen, mit einer entsprechend überalterten Hauptstadt. Von den gut 500 000 Einwohnern Lissabons (Großraum 2,7 Mio.) leben übrigens nur wenige Zehntausende in der historischen Altstadt. An dem Ort also, der Touristen besonders reizt ...

WOHNEN ODER SIGHTSEEING?

Tja, der Tourismus. Der Boom ist natürlich willkommen: Ein immer größerer Teil des Bruttosozialprodukts wird mit dem Tourismus erwirtschaftet. In den Gassen von Alfama und Mouraria werden reihenweise Wohnungen saniert, mit dem Ziel, sie anschließend auf Ferienwohnungs-Plattformen wie Airbnb anzubieten. Wohnungseigentümer ziehen aus den beliebten Altstadtstraßen in umliegende Viertel, um ihre eigene Wohnung für Touristen freizumachen. Einheimische finden oft keinen bezahlbaren Wohnraum mehr: Die Gentrifizierung ist auch hier angekommen. Ein Tourenanbieter nennt sich selbstironisch „We Hate Tourism" – und hat auch noch Erfolg damit! Was man vermeiden möchte, ist ein „zweites Barcelona", ein thematischer „Erlebnispark Lissabon" mit wenigen „Ureinwohnern", die von Tuk-Tuks aus bestaunt und geknipst werden. Jetzt, nachdem das Kind schon in den Brunnen gefallen ist, hat man Ferienwohnungen in bestimmten Altstadtvierteln wie Alfama und Mouraria untersagt.
Was steht sonst an in den nächsten Jahren? Die Stadt dehnt sich nach Osten aus. In Marvila, zwischen Innenstadt und Expogelände, werden riesige Lagerhäuser entlang des Tejo renoviert (u. a. durch Renzo Piano), und hinter wunderschönen Fassaden aus der vorletzten Jahrhundertwende ziehen coole Galerien, Bars und Co-Working-Spaces ein. Der Plan, auf der anderen Seite des Tejo einen neuen Flughafen zu bauen, um den *Aéroporto Humberto Delgado* zu entlasten, ist im Inkompetenzgerangel versandet. Der aktuelle Flughafen war übrigens 2016 zu Ehren des „Generals ohne Furcht", der sich Diktator Salazar entgegenstellte, umbenannt worden. Lissabon hat mächtig Selbstvertrauen gewonnen und spielt statt *fado triste* souveräne Zukunftsmusik!

AUF EINEN BLICK

500.000
**Einwohner im Innenstadt-
bereich – Tendenz sinkend!**

Nürnberg: 511.000

166
Mobilfunkverträge
je 100 Einwohner (der
dritthöchste Wert in Europa)

2800
**Sonnenstunden im
Jahr**
Und genausoviel Regen wie
London, nur anders verteilt …

20.000
Pastéis de Belém

werden in Lissabon täglich
verkauft – immer frisch!

**TOURISTEN PRO
JAHR:**
4,5 MIO.
Da kommen neun
Touristen auf jeden
Einwohner!

62 LITER
**WEINKONSUM PRO
JAHR UND EIN-
WOHNER –
DAS IST WELT-
WEIT SPITZE!**

**BELIEBTESTE
REISEMONATE**
JUNI–
AUGUST

ALFACINHAS
lautet der Spitzname für die Einwohner der Stadt; das bedeutet
„Kopfsalätchen", denn hier wird gern Salat, aber nur wenig Gemüse
serviert: Letzteres kommt meist nur in die Suppe …

6 PROZENT
ist zzt. die Arbeitslosenquote. Der
Tourismus bleibt die treibende Kraft
der positiven Tendenz

ZAHL DER TUK-TUKS: 500
Immer mehr von ihnen zum
Glück jetzt elektrisch

ZAHL DER BRÜCKEN: 2
DER RIVALE PORTO HAT 6
(GRRRRR….)

LISSABON VERSTEHEN

SO TYPISCH!

Lissabon tickt langsamer als andere europäische Hauptstädte. Abgesehen von Autofahrern lassen sich die Lissabonner nicht hetzen, ziehen brav Wartemarken an der Käsetheke und nehmen sich Zeit für ein Schwätzchen mit den Nachbarn. Wer die Londoner Rushhour kennt, dem kommt die Lissabonner Version wie ein gemütliches Kaffeetrinken vor. Apropos: Die Lissabonner zelebrieren ihre Kaffeekultur und nehmen sich Zeit für das Zusammensein mit Familie und Freunden, das *convivio*. Statistisch gesehen gehen die Portugiesen im europäischen Vergleich mit am spätesten ins Bett und stehen morgens als Letzte auf. Nach den Briten haben die Portugiesen die längsten Arbeitstage in Europa, ihre Produktivität ist jedoch nicht gerade olympiaverdächtig, und sie behaupten manchmal von sich selbst, als Volk nicht an sich zu glauben.

Problem: Die Innenstadt verliert Einwohner. Paare mit Kindern finden das Auf und Ab auf den steilen Kopfsteinpflasterstraßen beschwerlich. Beliebt als Ausweichgegend sind die schicken Avenidas oder Bezirke weiter draußen, obwohl das Nachbarschaftsverhältnis dort ein ganz anderes ist und man in den neuen *condominios*, abgeschlossenen Residenzen, vielleicht nicht mal mehr Wäsche aus dem Fenster hängen darf, weil das nicht ins Erscheinungsbild passt. Es sind vor allem junge Ausländer, die gern in modernisierte Altstadtwohnungen ziehen. Für den Charme der alten Bairros nehmen sie abgerissene Fassaden, kapriziöse Kanalisation und manch sozialen Notstand vor der Haustür in Kauf.

KACHELKUNST

Azulejos (sprich: Asuleischusch) sind in Lissabon allgegenwärtig. Die farbenfrohen Kacheln zieren Hauswände und Sitzbänke, Treppen und Bögen. Die Kachelkunst ist ein Erbe der Mauren. Der Name leitet sich vom arabischen *al zulaique* („kleiner, polierter Stein") ab. Gekachelte Landschaftsbilder und Alltagsszenen erzählen viel über die Geschichte und die Gegenwart Portugals. Das *Museu Nacional do Azulejo* (s. S. 59) zeigt einen spannenden Rundumschlag zu Geschichte und Gegenwart der Kachelbilder. Und eine neue Generation von Kreativen geht neue Wege, wählt ungewöhnliche Motive oder ändert das Format.

FADO ODER KIZOMBA?

Der ⚑ Fado ist der Blues der Portugiesen. Entstanden ist er in den armen Vierteln Lissabons wie Alfama und Mouraria in der ersten Hälfte des 19. Jhs., sodass ihm lang ein schlechter Ruf anhing. Das Wort leitet sich vom lateinischen *fatum* (Schicksal) ab. Sowohl Männer als auch Frauen *(fadistas)* können ihn singen, die Begleitung jedoch sind immer zwei Herren, meist mit steinern-stoischen Mienen an zwei Zupfinstumenten, einer klassischen Konzertgitarre und einer Art Laute, der *guitarra portuguesa*. Die

Fado mit Herz und Seele: Carla Linhares singt in der Tasca do Chico

Fadothemen kreisen um Liebe, Lissabon, Hoffnung und Enttäuschung – und vor allem um die *saudade,* (s. S. 24) diese typisch portugiesische Grundstimmung. Was den Portugiesen der Fado bedeutet, lässt sich daran ermessen, dass 1999 zum Tod von Amália Rodrigues, der „Königin des Fado", eine dreitägige Staatstrauer im Land anberaumt wurde. An die Fado-Göttin reicht bis heute keine heran, aber Namen wie Camané und Mariza kennen alle Lissabonner. Interpreten wie die junge kapverdischstämmige Sara Tavares, der charismatische Shootingstar Ana Moura und die stimmgewaltige Cristina Branco geben dem Genre neue Impulse.

Aber du wirst auch andere Sounds hören: Wer im Juni zu den Stadtheiligenfesten hier ist, kommt um *Pimba* nicht herum, akkordeongestützte Songs mit zweideutigen Texten. Kapverdischstämmige Lissabonner singen ihre getragene *Morna* – vielleicht kennst du Cesária Évoras Erfolgsballade „Sodade"? Die angolanische Community tanzt gern zu *Semba* und *Kuduro,* einem hektischen, in die Beine gehenden Sound: Ein Vintage-Klassiker ist die erfolgreiche Vorzeigeband Buraka Som Sistema aus der Vorstadt Amadora. Ruhiger ist der eng getanzte *Kizomba,* neue Trends sind Afro- House und Afrobeat. Bekannte Lissabonner Rapper sind Sam the Kid, Boss AC, Richie Campbell und Mynda Guevara (Rap crioulo). Traditionelle Tänze sind im Aufwind; Infos zu Bällen, Workshops und Events auf: *tradballs.pt.*

INSIDER-TIPP
Explosiver Sound

Fantasievolle Street-Art: Die Kunst erobert den öffentlichen Raum

STREET-ART

Spät erst kam die Straßenkunst nach Lissabon, heute gibt's kein Halten mehr. Ein Darling der Street-Art-Szene ist Vhils, ein weiterer Bordalo II., ein Enkel des berühmtesten portugiesischen Keramikkünstlers. Für eigene Erkundungen gibt's das Buch „Street Art Lisbon 2" mit Citykarte zum Auffinden der Pieces, aber am besten lässt man sich von leidenschaftlichen Graffiti- und Stencil-Experten (lisbonstreetarttours.com) zu den Werken führen. Eine Top-Adresse ist die Galerie *Underdogs (Rua Doutor Estêvão de Vasconcelos | under-dogs. net)* im Trendviertel Marvila. Besonders sind die Touren zu Fuß (meist am letzten Sa im Monat, auf Anfrage auch auf Engl.) in den riesigen Open-Air-Galerien der sozial schwachen Viertel

INSIDER-TIPP
Folg den Graffiti-Experten

Quinta do Mocho *(Facebook: Arte Publica Loures)* und Bairro Padre Cruz *(Facebook: Boutique da Cultura)*.

DIE KUNST DES GLÜCKLICHEN KÖNIGS

Der bekannteste portugiesische Beitrag zur Kunstgeschichte bekam erst im 19. Jh. den Namen „Manuelinik", bleibt aber auf ewig verbunden mit König Manuel I., dem „Glücklichen König" des Goldenen Zeitalters (1495–1521). In dieser spezifisch portugiesischen Ausprägung der Spätgotik finden sich überall die Symbole der Entdeckungsfahrten: gedrehte Schiffstaue, himmelstrebende Palmengewölbe, Pflanzen und Tiere, die die Entdecker auf der Welt gefunden hatten. Gewundene Säulen lenken den Blick himmelwärts. Auch der Armillarsphäre, einem astronomischen Orientierungsinstrument und Machtsymbol Manuels I., und dem Christus-ritterkreuz des Ordens, der die Expansion finanzierte, begegnest du auf Schritt und Tritt. Dazwischen finden sich die Ranken und Fabelwesen des „platteresken" Stils aus Spanien, der an spanische Silberschmiedekunst erinnert, sowie Motive aus der Leidensgeschichte Christi; Dom Manuel sah sich gern als ein Erlöser des Volkes. Beste Beispiele: das Hieronymuskloster und die Torre de Belém.

VERSCHROBENER SCHREIBER

Vor seinem Lieblingscafé *A Brasileira* setzten die Lissabonner Fernando Pessoa (1888–1935), dem wohl bedeutendsten Dichter Portugals, ein bronzenes Denkmal. Heute lassen sich neben dieser Statue unzählige Touristen fotografieren, die Pessoas obsessive und nihilistisch angehauchte Prosa und Lyrik wohl eher selten gelesen haben. Sein Name und Werk sind untrennbar mit der Stadt verbunden. Der ebenso geistreiche wie verschrobene Denker, der ein ernsthaftes Alkoholproblem hatte, schrieb unter verschiedenen Pseudonymen, arbeitete als Fremdsprachenkorrespondent in der Baixa und zog zigmal um in der Stadt. Zu Lebzeiten hat Pessoa – dessen Name „Person" bedeutet – nur wenig veröffentlicht. Zurzeit erfährt sein Werk über Portugal hinaus eine Renaissance. Auf die Spuren des Dichters kann man sich in seinem letzten Wohnhaus in Campo de Ourique begeben. Es wurde in ein kleines Kulturzentrum mit Bibliothek und coolem Café-Restaurant umgewandelt, die *Casa Fernando Pessoa (Di–So 10–18*

KLISCHEE KISTE

TRINKFEST

Die Statistik besagt, dass die Portugiesen weltweit am meisten *vinho* trinken. Wer kann es ihnen übelnehmen, er ist ja auch so lecker, und noch jede Ein-Euro-Fuffzig-Flasche hat einen echten Korken – Portugal ist ja der größte Kork-Exporteur der Welt. In den letzten Jahren sind die Weinbars aus dem Boden geschossen wie die Korken aus der Espumante-Flasche, aber die Lissabonner torkeln nicht lallend durch die Straßen, da wird eher zivilisiert ein *vinho gastronómico* zum Essen getrunken, und das Beste: Zum Tanzen muss sich kein Lissabonner Mut antrinken!

AUS DEM WEG, C*** F***!

Die Lissabonner sind zumeist ruhige, zurückhaltende Zeitgenossen, aber am Steuer eines Autos werden sie zu Berserkern: In der engen Gasse blockiert ein Tuk-Tuk das Fortkommen: Raargghhhh – ich muss meinen Bacalhau ausliefern/mein Kind zur Schule bringen/dringend zum Strand! Für den interessierten Besucher eine tolle Gelegenheit, die zeitlosen Flüche kennenzulernen, die den Einheimischen so leicht von den Lippen springen: *Caralho! Foda-se! O que é essa merda?!* Übersetzungen sind übrigens in jedem handelsüblichen Google zu finden ...

Uhr, deutschsprachige Führungen für kl. Gruppen auf Anfrage | Eintritt 3 Euro | Rua Coelho da Rocha 16 | casa fernandopessoa.pt | Eléctrico 25, 28, Bus 709 Rua Saraiva Carvalho).

SAUDADE

„Wie ein Dolch rührt es im Herzen", so erklären Portugiesen manchmal dieses Gefühl geradezu hemmungsloser Melancholie, das *saudade* heißt. Ein Wort, das man weder mit Wehmut noch Fatalismus, weder mit Sentimentalität noch mit Nostalgie oder Melancholie treffend übersetzen kann, weil es von allem ein wenig meint. Man vermutet die Wurzeln dieses leidenschaftlichen Gefühls in der islamischen Zeit. Seinen künstlerischen Ausdruck findet es in der Fadomusik. Vor allem im Gespräch mit der älteren Generation sieht man sich oft mit einem generalisierten Fatalismus konfrontiert; die Antwort auf die Frage, wie es denn geht, ist oft *„Eh, cá estou"* (Na ja, hier bin ich) oder *„Vai-se andando"* (Es geht/Alles geht so seinen Gang), das vielleicht im norddeutschen „Watt mutt, datt mutt" eine Äquivalenz hätte. In Verbindung mit einem noch stark hierarchisierten gesellschaftlichen Gefüge führt dieser Fatalismus im Wirtschafts- und Geschäftsleben oft zu einer gewissen Lethargie, die den deutschen Drang zu Dynamik und Effizienz auf harte Geduldsproben stellen kann.

WÄCHTER LISSABONS

Lisboa hat gleich zwei Schutzheilige. Der offizielle ist São Vicente, ein spanischer Märtyrer, dessen Körper auf einem führerlosen Schiff vom Cabo de São Vicente an der Algarve von einem Paar Raben sicher nach Lissabon geleitet wurde. Doch viel mehr verehren die Lisboetas „ihren" Schutzpatron Santo António. 1195 in Lissabon geboren, verbrachte er die meiste Zeit seines Lebens als Prediger und Mönch des Franziskanerordens in Frankreich und Italien, wo er 1231 in einem Kloster bei Padua starb. Deshalb wird er auf der ganzen Welt, nur nicht in Lissabon, als heiliger Antonius von Padua angebetet. Viele Wundertaten werden ihm nachgesagt; vor allem aber wird er als Patron der Armen und der Liebenden verehrt. In dieser Tradition finanziert die Stadt jedes Jahr ärmeren Paaren die stilvolle Hochzeit in der Kathedrale. Praktisch für Reisende, die Handyladegerät oder Kreditkarte verlegt haben: Santo António ist als Schutzpatron auch für verlorene Gegenstände zuständig.

WAS GLAUBST DU?

90 Prozent der Bevölkerung sind römisch-katholisch getauft. Prozessionen tragen Heiligenstatuen wie die „Unserer Frau der Schmerzen" durch die Stadt. Das hundertjährige Jubiläum der Marienerscheinungen von Fátima brachte 2017 Hunderttausende nach Portugal; das Gleiche steht Anfang August 2023 zum Weltjugendtag an. Doch mit der Kirche nehmen es die Portugiesen nicht so ernst. Die Gotteshäuser sind nicht gerade voll. Unter dem Mantel des Katholizismus haben sich Bräuche, Riten und Aberglaube zu einer eigensinnigen Mischung zusammengefunden. Man

verehrt „seinen" Hausheiligen, für jedes Problem gibt es den passenden Schutzpatron: Santa Lúcia z. B. hilft bei Augenleiden, São Braz bei Erkältungen. In den Einwandervierteln sieht man Schaufenster mit Votivkerzen gegen den bösen Blick oder finanzielle Engpässe neben Statuetten der Nossa Senhora da Fátima. Brasilianische und angolanische Einwanderer haben ohnehin ihre eigenen Bräuche eingeführt.

RELIGION FUSSBALL

Goooooooooool! Toooooooor! Wer im Land des Europameisters von 2016 Gespräche in einer Tasca verfolgt, hört immer wieder zwei Namen: „Benfiiica" und Sporting. In den Cafés und Tavernen sind die beiden Lissabonner Teams ständig Thema. Erst recht, wenn es zu solchen Dramen kommt, dass ein Trainer von einem Verein zum anderen wechselt – Schock! Man(n) definiert sich stark über die Vereinszugehörigkeit. Als Benfica zweimal in Folge Meister wurde, bekam die Statue des Marquês de Pombal per Kran ein Benfica-Shirt angezogen. Und die einzige Zeitung, die noch im ehemaligen Presseviertel Bairro Alto gemacht wird, heißt „A Bola": Der Ball.

ANTÓNIO & MARCELO

Zwei portugiesische Politiker sollte man kennen: António Costa und Marcelo Rebelo de Sousa. Der aktuelle Premierminister António Costa von der PS (Sozialistische Partei) – wegen seiner indischen Wurzeln von seinen politischen Feinden gern „die Samosa (Teigtäschchen) aus der Mouraria" ge-

Das Stadion von Benfica – Sportstätte oder Wallfahrtsort?

nannt – hatte als Lissabons Bürgermeister viel Energie in die Erneuerung des heruntergekommenen Maurenviertels gesteckt. Aktuell regiert der gewiefte Taktiker und ewige Optimist mit absoluter Mehrheit. Staatspräsident „Marcelo", charismatischer Jurist und Fernsehkommentator, äußert sich trotz seiner rein repräsentativen Aufgabe zu allen möglichen Themen. Sein Lieblingsprojekt ist der Kampf gegen die Obdachlosigkeit. 2022 setzte sich der gläubige Katholik in die Nesseln, als er sexuelle Missbrauchsfälle in der Kirche als „gar nicht so viele" bagatellisierte.

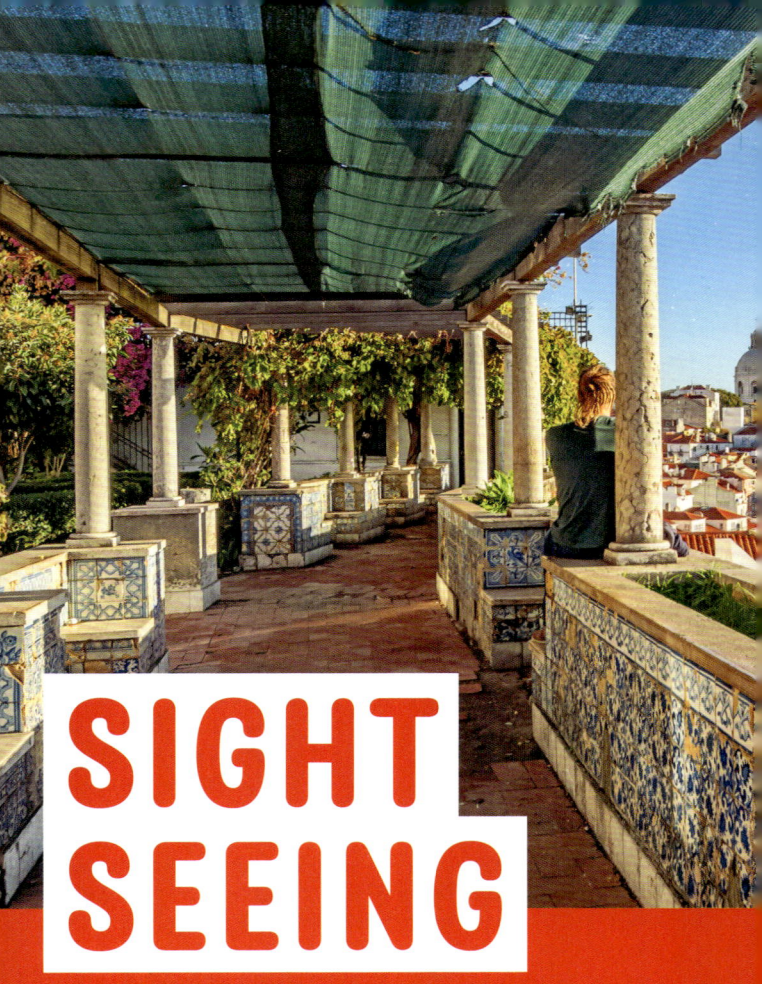

SIGHT SEEING

Klar, die Tejo-City hat grandiose Bauwerke zu bieten, doch es sind vor allem Kontraste und Kleinigkeiten, die Lissabon zu dem Erlebnis machen, das es ist. Zu Fuß lässt sich die Metropole am besten entdecken.

Bummel über herrliche Plätze, verlier dich in verwinkelten Gassen, und genieß traumhafte Ausblicke von den vielen *miradouros* (Aussichtspunkten) der Sieben-Hügel-Stadt. Geh in einem der zahlreichen Cafés bei einer *bica* (Espresso) oder einem *galão* (Milchkaffee) auf Tuchfühlung mit den Lisboetas. Oder besteige eine der Uralt-

Nicht schlecht: Blick auf Stadt und Tejo vom Miradouro de Santa Luzia

Trams. Seit über 100 Jahren rumpeln und ächzen die herrlich altmodischen Trambahnen durch die Stadt. Eine Fahrt mit der ⭐ 🚩 *Eléctrico 28* ist die erschwinglichste Stadtrundfahrt, die Tram (wie alle Eléctricos am E erkennbar) schaukelt dich durch die ganze Innenstadt. Um einen Sitzplatz zu ergattern, vor allem in einer Gruppe, solltet ihr an der Anfangshaltestelle Martim Moniz zusteigen. Frühaufstehen lohnt sich: Ab 9 Uhr bilden sich Schlangen! Noch ein Hinweis – ohne die Urlaubsstimmung trüben zu wollen: Geldbörse und Handy gut verstauen!

DIE STADTVIERTEL IM ÜBERBLICK

Parque Florestal de Monsanto

Parque do Calhau

Alfragide

CAMPO DE OURIQUE, LAPA & MADRAGOA S. 45

Charmante Läden & Cafés, idyllische Plätze

BELÉM, RESTELO & AJUDA S. 47

Lissabons prachtvolle Seite

São Francisco Xavier

Parque da Tapada da Ajuda

Ajuda

Alcântara

Avenida das Descobertas

Mosteiro dos Jerónimos ★

Museu da Marinha ★

MAAT ★

Belém

Torre de Belém ★

MARCO POLO HIGHLIGHTS

★ **ELÉCTRICO 28**
Mit der Straßenbahn durch die Innenstadt schaukeln ➤ S. 27

★ **CASTELO DE SÃO JORGE**
Mittelalterliche Burg ➤ S. 34

★ **MUSEU CALOUSTE GULBENKIAN**
Lissabons berühmtestes Museum ➤ S. 57

★ **MUSEU DA MARINHA**
Portugals Entdeckerzeit ➤ S. 51

★ **IGREJA SÃO ROQUE**
Schlichte Fassade, glanzvolle Kapellen ➤ S. 43

★ **MOSTEIRO DOS JERÓNIMOS**
Versteinerte Weltmacht ➤ S. 50

ALFAMA, MOURARIA & GRAÇA S. 30

Enge Gassen rund um die Burg & Trendviertel

Museu Calouste Gulbenkian ★

Museu Nacional do Azulejo ★

Eléctrico 28 ★

Igreja São Roque ★

Rossio

Castelo de São Jorge ★

BAIXA & AVENIDA S. 36

Die Unterstadt mit „der" Flaniermeile

CHIADO & BAIRRO ALTO S. 42

Mit den Elevadores ins Künstler- und Ausgehviertel

1 km
0.62 mi

★ **TORRE DE BELÉM**
Das Wahrzeichen der Stadt ➤ S. 52

★ **MAAT**
Kunst und Co. im neuen Hinguckerbau
➤ S. 48

★ **MUSEU NACIONAL DO AZULEJO**
Alles über portugiesische Kacheln ➤ S. 59

★ **ROSSIO**
Quirliges, urbanes Zentrum mit Bahnhof,
Theater, Kirche und Cafés ➤ S. 40

★ **PARQUE DAS NAÇÕES**
Avantgardearchitektur und ein
gigantisches Aquarium ➤ S. 58

Im Abendrot zeigt Lissabon seine klassische Schönheit. Vom Fluss aus lässt sich die Stimmung am besten einfangen. Spring auf eine der Tejo-Fähren für einen Abstecher ans andere Ufer, etwa vom Cais do Sodré nach Cacilhas. Hinter der Fährstation liegen einige nette Terrassenlokale. Lass dich nicht vom bröckeligen Zustand der Uferpromenade abschrecken und schlendere nach rechts weiter – Lissabon-Feeling pur!

Mit Hingabe widmen sich die Nationalmuseen in der Hauptstadt der ruhmreichen Vergangenheit Portugals, die Themen kreisen um die große Zeit der Entdeckungen, das portugiesische Weltreich, das goldene Zeitalter. Kostbarkeiten aus fernen Ländern erinnern an die frühere Größe des kleinen Landes. Viele Lissabonner Museen sind in alten Adelspaläs-ten untergebracht, die für sich schon Sehenswürdigkeiten sind. Für Museumsmuffel: Einige der schönsten Terrassencafés gehören zu Museen, z. B. das vom Museu Nacional de Arte Antiga (frei zugänglich).

Mit den altertümlichen *ascensores* (Aufzügen) kann man sich stilvoll und steil in höher gelegene Stadtviertel hieven lassen. Diese Vehikel sind elektrisch betriebene, nostalgisch quietschende Standseilbahnen. Die kuriosen Transportmittel sind allesamt schon weit über 100 Jahre alt. Eine Hin-und-Rückfahrkarte kostet 3,70 bzw. 5,15 Euro für den Filigran-Elevador *Santa Justa*, der die Unterstadt mit der Oberstadt verbindet; besser fährt man mit einer Tageskarte (6,95 Euro) für Metro und Carris (Betreiber der Busse, Straßenbahnen und Aufzüge).

WOHIN ZUERST?

Rossio (*[] b–c2*)*:* Vom Rossio, offiziell Praça Dom Pedro IV, gehst du in 10 Min. durch die Baixa zum Tejo-Ufer oder bergauf zum Castelo de São Jorge – dank des Elevador do Castelo von der Rua Fanqueiros in ca. 15 Min. Oder man erklimmt die Rua do Carmo in Richtung Chiado für Shopping und Museen. Ins Vergnügungsviertel Bairro Alto geht's vom Rossio zum Platz Restauradores und weiter mit der Standseilbahn Elevador da Glória. Die Metrostation ist Rossio (grün); viele Buslinien passieren den Platz, auch der Airport-Bus.

ALFAMA, MOURARIA & GRAÇA

Rund um die Burg liegt das alte Lissabon. Malerisch schmiegen sich die Viertel Alfama und Mouraria an das Castelo de São Jorge.

Die ehemalige Medina Alfama ist Lissabons ältester Bezirk. Wie ein Wunder überstand das Viertel fast unbeschadet das verheerende Erdbeben im Jahr 1755 und trägt so noch heute mittelalterliche Züge. Ein Wirrwarr aus steilen Treppchen, winzigen Gassen und lauschigen Plätzen prägt das Bild

ALFAMA, MOURARIA & GRAÇA

10 Miradouro Senhora do Monte
9 Miradouro da Graça
Igreja e Mosteiro de São Vicente de Fora 11
12
Igreja de Santa Engrácia/ Panteão Nacional
8 Torre da Igreja do Castelo
7
Castelo de São Jorge ★
5 Portas do Sol
6 Museu de Artes Decorativas
5 Miradouro de Santa Luzia
Museu do Fado 4
2 Museu do Aljube
1 Kathedrale Sé
3 Casa dos Bicos

Lisbon Cruise Port

Rio Tejo

250 m
273 yd

des Kleine-Leute-Quartiers. Im Juni feiert die Alfama „ihren" Schutzheiligen Santo António mit Straßenfesten, Musik und Tanz. Ähnlich verwinkelt und etwas heruntergekommen, aber heute DAS Trendviertel ist die benachbarte Mouraria. Hierhin wurden die Mauren nach der Rückeroberung der Stadt im Jahr 1147 verbannt. Nordöst-

lich schließt sich Graça an, ein lebhaftes, typisches Lissabonner Wohnviertel aus dem 19. Jh., das einige Prachtbauten, wie die Klosterkirche *São Vicente de Fora*, historische Arbeitersiedlungen wie die Vila Berta *(🕮 O8)*, Aussichtspunkte und zweimal pro Woche den Flohmarkt *Feira da Ladra* (s. S. 85) bietet.

1 KATHEDRALE SÉ

Die Kathedrale Sé (Abkürzung für *sedes episcopalis*: Bischofssitz) ist die älteste Kirche Lissabons. Sie wurde nach der Vertreibung der Mauren 1147 gebaut, wohl über einer fünfschiffigen Moschee – um gleich die neuen Machtverhältnisse klarzustellen. Die Kathedrale wurde mehrmals von Erdbeben stark beschädigt und bis zu Beginn des 20. Jhs. immer wieder restauriert. So vereint sie heute zwei Baustile, die im nüchternen, romanischen Innenraum und dem eleganten, gotischen Chorumgang mit neun Kapellen sichtbar werden. Achtung: Touristische Besuche sind jetzt kostenpflichtig (zum Beten sind allerdings immer ein paar Sitzreihen reserviert)! Dafür ist im Eintritt nicht nur der Zutritt zu den Kapellen, zum gotischen Wandelgang und zur Schatzkammer, sondern auch der zum Hochchor und zum Aussichtsbalkon enthalten.

Im Garten des gotischen Wandelgangs aus dem 14. Jh. werden seit Jahren archäologische Grabungen durchgeführt: Römische Spuren, etwa Reste einer Straße und Kanalisationssysteme, gehen bis ins 1. Jh. zurück. Gleich rechts vom Eingang geht es hoch zur Schatzkammer mit Reliquien, Roben und einer spektakulären goldenen Monstranz aus dem 18. Jh. *Kirche Nov.–April Mo–Sa 10–18, Mai–Okt. Mo/Di, Do/Fr 9.30–19, Mi, Sa 10–18 Uhr, Messe So 11.30 Uhrr | Eintritt 5 Euro | Schatzkammer: Mo–Fr 10–13, 14–17, Sa 10–17 Uhr | Eintritt 2,50 Euro | Messen: So 11.30 und 19, Di–Sa 18.30 Uhr | Largo da Sé | Eléctrico 28 | Bus 737 Sé | ⏱ 1 Std. | 🗺 e4*

2 MUSEU DO ALJUBE

Portugal war schon fast vierzig Jahre Demokratie, als dieses Museum zum Widerstand eröffnet wurde – in einem ehemaligen Gefängnis des Geheimdienstes PIDE, mit Zellen und viel Kontext zu Westeuropas längster Diktatur – und dem täglichen Leben in Doktor Salazars grauem Portugal. *Di–So 10–18 Uhr | Eintritt 3 Euro | Rua de Augusto Rosa 42 | museudoaljube.pt | Metro (blau) Terreiro do Paço, Eléctrico 12, 28 | ⏱ 1½ Std. | 🗺 e4*

3 CASA DOS BICOS

Das *Haus der Spitzen*, ein 1523 im italienischen Stil errichteter Stadtpalast, verdankt seinen Namen der Fassade aus spitzen Steinquadern – schon in der Renaissance gab's 3D-Effekte! Heute hat die *Fundaçao José Saramago (Mo–Sa 10–18 Uhr | Eintritt 3 Euro | josesaramago.org)* des 2010 verstor-

benen Kultautors und Literaturnobel-
preisträgers hier ihren Sitz. Seine
Asche wurde auf dem Vorplatz beigesetzt. Ein Besuch der spannenden ar-
chäologischen Ausgrabungen im Un-
tergeschoss ist gratis! *Rua dos
Bacalhoeiros 9–11 | Metro (blau) Ter-
reiro do Paço | ⏱ 45 Min. | ▥ e4*

4 MUSEU DO FADO

Eine musikalische Reise durch Ge-
schichte und Gegenwart des Fado. Per
Audioguide kann man die Künstler
und ihre Musik erleben. Virtuos: der
Gitarrist Carlos Paredes! Im schicken
Museumsrestaurant moderne portu-
giesische Küche *(Mi–So | €€)*. Im Som-
mer mehrmals die Woche englisch-
sprachige Gratisführungen durch die
Alfama und die Mouraria. *Di–So 10–
18 Uhr | Eintritt 5 Euro | Largo do Chafa-
riz de Dentro 1 | museudofado.pt |
Metro (blau) Terreiro Paço, Busse 728,
735, 759, 794 Casa Conto | ⏱ 1½ Std. |
▥ O9*

5 MIRADOURO DE SANTA LUZIA/ PORTAS DO SOL

Von der Aussichtsterrasse *Miradouro
de Santa Luzia* mit der Postkartenmo-
tiv-Bougainvillea hat man einen gran-
diosen Blick übers Dächermeer und
Gassengewirr der Alfama und den
Tejo. Die Azulejowand an der Kirche
Igreja de Santa Luzia zeigt eine Ansicht
Lissabons vor dem Erdbeben von
1755. Weiter oben, am *Largo das Portas do Sol*, liegt ein unprätentiöser Ca-
fékiosk. Ein bisschen schicker fläzt es
sich um die Ecke im Café *Esplanada
das Portas do Sol (tgl. 10–22 Uhr | por
tasdosol.pt)*. Noch mehr Höhe ge-
winnt man auf der Caféterrasse der
Malteserkirche (Aufgang beim „Kreuz-
fahrer-Aufzug"). *Eléctrico 12, 28 Mira-
douro de Santa Luzia | ▥ f3*

Auffällige Fassade: In der Casa dos Bicos residiert die Saramago-Stiftung

6 MUSEU DE ARTES DECORATIVAS

Die Familie Espírito Santo, eine der reichsten Portugals, hat wertvolle Stücke aus ihrem Privatbesitz gestiftet. Neben Möbeln werden im Museum für angewandte Kunst im noblen *Palácio Azurara* aus dem 17. Jh. Tapisserien und Teppiche, Azulejos, Porzellan und Silber gezeigt. Hübsches Café im ersten Stock. Richtig spannend wird's bei einer Führung hinter die Kulissen, zwischen Troddeln, filigraner Schmiedekunst und Golddruck. *Mi–Mo 10–17 Uhr | Eintritt 10 Euro | Largo das Portas do Sol 2 | fress.pt | Eléctrico 28 Largo das Portas do Sol |* ⏱ *1½ Std. |* 🗺 *f3*

INSIDER-TIPP
Einblicke für Auserwählte

7 CASTELO DE SÃO JORGE ★

Die Festung des heiligen Georg ist die Wiege Lissabons. Unübersehbar thront sie über den Dächern der Stadt. Wer den Burgberg erklimmt, wird durch ein Superpanorama über die Stadt belohnt. Auf Steinbänken kann man sich unter schattigen Bäumen vom Aufstieg erholen. Die mittelalterliche Zitadelle war Stützpunkt vieler Herrscher des Landes. Im 5. Jh. ließen sich Westgoten hier nieder, später bauten sich die Mauren auf der Höhe eine anständige Festung. 1147 gelang es König Dom Afonso Henrique und seinem Gefolge, die Burg zurückzuerobern. Das Kastell wurde königliche Residenz. Ende des 16. Jhs. zogen die portugiesischen Royals hinunter an den Fluss, die Burg verfiel. Anlässlich der 800 Jahre zurückliegenden *Reconquista* (Rückeroberung) rekons-

truierte man 1938 die Festungsanlage mit den Wehrtürmen. Von den Sitten und Bräuchen der einstigen Burgbewohner erzählt eine Ausstellung.

Auf dem *Ulisses*-Turm projiziert die *Câmara Obscura* ein Rundumpanorama von Lissabon auf eine Steinschüssel. Ein Tipp: Morgens ist das Licht besser! *Burggelände: tgl., Nov.–Feb. 9–18, März–Okt. 9–21 Uhr, Führungen über das Ausgrabungsgelände (rechts) u. a. auf Englisch 10.30, 11.30, 12.30, 14, 15, 16, 17, im Sommer auch 18.30, 19.30 Uhr | Eintritt 10 Euro inkl. Museum, Ausgrabungsgelände (Führung) und Câmara Obscura (9–17 Uhr) | castelodesaojorge.pt | Eléctrico 12, 28 Miradouro de Santa Luzia | Bus 737 Chão da Feira |* ⏱ *1½ Std. |* 🗺 *d–e 2–3*

8 TORRE DA IGREJA DO CASTELO

Ganz in der Nähe wartet die lang vernachlässigte älteste Kirche des Burghügels, die Igreja do Castelo, mit einem hübschen Glockenturm. Von oben hat man einen herrlichen Blick! *Tgl. 10–13, 14–19 Uhr | Eintritt 5 Euro inkl. ein Glas Wein | Largo da Santa Cruz do Castelo | torredaigrejadocastelo.pt |* 🗺 *e2*

9 MIRADOURO DA GRAÇA

Bäume, Tische, Stühle, Café-Kiosk: Der Aussichtspunkt mit dem „goldenen Blick" ist der Dichterin Sophia de Mello Breyner Andresen, an die eine Büste erinnert, gewidmet und ein beliebter Treffpunkt zum Sonnenuntergang. Toller Blick zur Burg und über die Baixa. *Tgl. ab 10 Uhr | Eléctrico 28 Largo da Graça |* 🗺 *e1*

Die Igreja de Santa Engrácia dient heute als Portugals Nationalpantheon

🔟 MIRADOURO SENHORA DO MONTE 👁

Am höchsten *miradouro* der Stadt liegen dir Lissabon und der Tejo malerisch zu Füßen. Wenn die Wallfahrtskapelle mal auf ist, unbedingt einen Blick auf die *Cadeira de São Gens* werfen, einen Steinthron aus dem 12. Jh. hinter Glas, auf dem Portugiesinnen immer noch eine leichte Geburt erbeten – die Küsterin öffnet dafür die Vitrine! Viele lassen sich von Tuk-Tuks den harten Aufstieg abnehmen, sodass sich hier Dutzende der Vehikel stapeln. Nett die Wägelchen, die Limonade, Kaffee und Pastéis verkaufen. *Eléctrico 28 Rua da Graça* | 🕐 *45 Min.* | 🗺 *N8*

🔟 IGREJA E MOSTEIRO DE SÃO VICENTE DE FORA

1582 ließ König Philipp II. von Spanien (Dom Filipe I. von Portugal) den Konvent errichten. Die Arbeiten zogen sich bis Anfang des 18. Jhs. hin. Innen Marmorpracht, Chorgestühl aus feinsten tropischen Hölzern und blau-weiße Azulejos. Das Kloster ist heute Sitz des Kardinals von Lissabon, ebenso dient es als Pantheon für die Patriarchen und die Könige der Bragança-Dynastie – die übrigens immer noch existiert. Toller Blick von der Terrasse! *Di–So 10–18 Uhr* | *Eintritt 5 plus 2,50 Euro für Führung* | *Largo de São Vicente de Fora* | *mosteirodesaovicentedefora.com* | *Eléctrico 28 Voz Operário* | 🕐 *1½ Std.* | 🗺 *f2*

🔟 IGREJA DE SANTA ENGRÁCIA/ PANTEÃO NACIONAL

Weithin sichtbar ist die weiße Kuppel der Kirche, die als nationaler Pantheon dient: Hier liegen die großen Söhne und Töchter Portugals in luxuriösen Marmorgrabstätten. Normalerweise dauert die Überführung der Toten Jahre. Beim Kickeridol Eusebio ging es schnell – ein Indiz dafür, dass die wahre Religion der Portugiesen der Fußball ist … 1570 begann man mit dem Bau, 1630 wurden die Sakristei und die Bilder in der Kirche zerstört. Der Tat bezichtigt wurde ein konvertierter Jude, der auf dem Weg zum Schafott prophezeite, dass die Kirche nie fertiggestellt werden würde. Und tatsächlich wurde der Kirchenbau erst 1966 eingeweiht. Die langwierigen Bauarbeiten hatten zur Folge, dass die Kirche bis heute in aller Munde ist: Im Portugiesischen ist *Obras de Santa Engrácia* ein geflügeltes Wort für Unterfangen, die kein Ende nehmen.

Geh in den Bau mit seinen harmonischen Farben und Formen unbedingt mal rein! Steile Treppen und ein Fahrstuhl (nur für Gehschwache) führen zur nie überlaufenen Terrasse rund um die mächtige Kuppel. Von dort breitet sich ein phantastisches Panorama aus! *Di–So 10–17, April–Sept bis 18 Uhr | Eintritt 4 Euro | Campo de Santa Clara | igespar.pt | Eléctrico 28 Voz Operário |* ⏱ *1 Std. |* ▥ *O9*

BAIXA & AVENIDA

Die Baixa, ausgesprochen *baischa*, **die Unterstadt, entstand nach dem Erdbeben von 1755 unter Marquês de Pombal als** *Baixa Pombalina* **ganz neu: breite Straßen, jeweils einem Handwerk zugeordnet, einheitlich hohe, mehrstöckige Häu-**

Zentrale Flaniermeile in der Baixa: die Rua Augusta

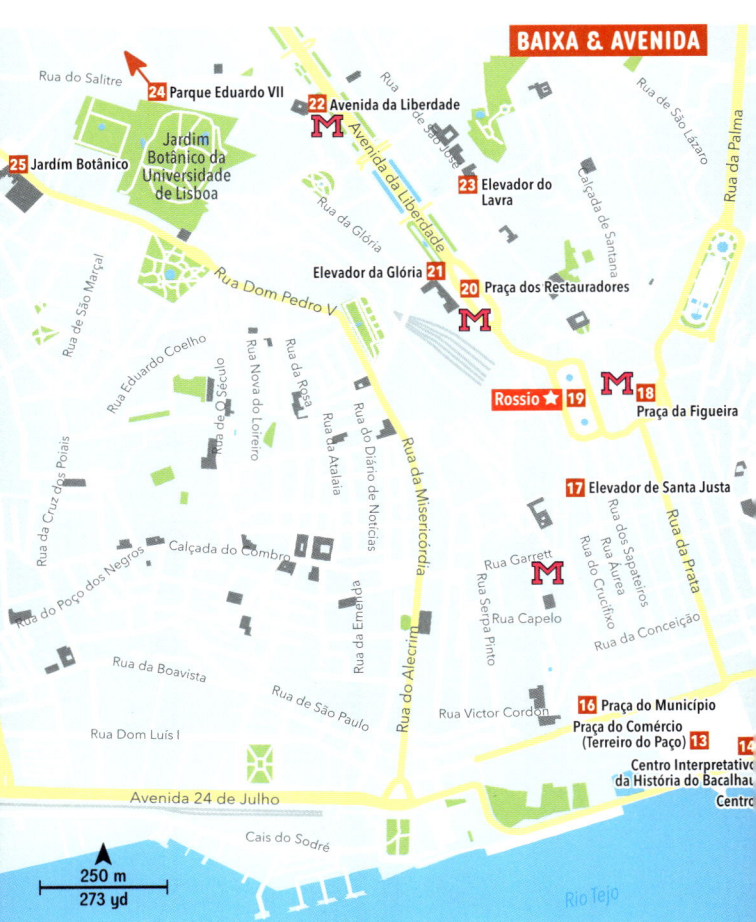

24 Parque Eduardo VII
25 Jardím Botânico
Jardim Botânico da Universidade de Lisboa
Rua do Salitre
22 Avenida da Liberdade
23 Elevador do Lavra
Rua de São Lázaro
Rua da Palma
Calçada de Santana
Rua da Glória
Rua Dom Pedro V
21 Elevador da Glória
20 Praça dos Restauradores
Rua de São Marçal
Rua Eduardo Coelho
Rua Nova do Loureiro
Rua da Rosa
Rua da Atalaia
Rua do Século
Rua do Diário de Notícias
Rua da Misericórdia
Rossio ★ **19**
18 Praça da Figueira
17 Elevador de Santa Justa
Rua da Cruz dos Poiais
Rua do Poço dos Negros
Calçada do Combro
Rua da Emenda
Rua Garrett
Rua Serpa Pinto
Rua Capelo
Rua dos Sapateiros
Rua Áurea
Rua do Crucifixo
Rua da Prata
Rua da Conceição
Rua da Boavista
Rua de São Paulo
Rua do Alecrim
Rua Victor Cordon
16 Praça do Município
Praça do Comércio (Terreiro do Paço) **13**
14
Centro Interpretativo da História do Bacalhau
Centro
Rua Dom Luís I
Avenida 24 de Julho
Cais do Sodré
250 m
273 yd
Rio Tejo

BAIXA & AVENIDA

ser mit Funkenbarrieren, innen der „pombalinische Käfig", eine flexible Holzkonstruktion.

Das Ganze ruht auf einer Pfahlstruktur im Tejo-Uferschlamm. Alles schön flach, hier musst du nicht ständig rauf und runter steigen! Im Lauf der Zeit bröckelten viele der schönen Fassaden. Heute ist die Baixa ein Hybrid:

frisch sanierte Fassaden neben den paar noch unsanierten, verlassenen Wohnhäuser im Herzen der Stadt, wo Unkraut aus Regenrinnen wächst. Versteckte Kirchen, ungewöhnliche Museen, Perlen der alten Lissabonner Einkaufskultur mit im Kopfsteinpflaster eingelassenen Firmennamen, aber auch immer mehr 08/15-Souvenirläden plus Hotels. Auf der Baixa-Achse, der Rua Augusta, flanierst du zwischen Menschen aus aller Welt, Restaurant-Anwerbern und Straßenkünstlern. Gut verschnaufen lässt sich's in der besten Eisdiele der Stadt *(Amorino, Nr. 209, in der Saison bis Mitternacht)*!

🔟🕮 PRAÇA DO COMÉRCIO (TERREIRO DO PAÇO)

Als im 15. Jh. die Karavellen der Entdecker mit Gewürzen, Edelmetallen und Sklaven hier anzulanden begannen, brach das Königshaus die Zelte oben im Castelo ab und zog hierher, an den „Handelsplatz", auch als *Terreiro do Paço* (Palastplatz) bekannt. Von dem riesigen Palast, den sich die Royals an die Westseite stellte, ließ das Erdbeben von 1755 nichts übrig. Die Herrscher selbst hatten Glück – sie hielten sich zu der Zeit im Westen der Stadt auf. Die Reiterstatue in der Platzmitte zeigt Josef I. in heroischer Pose, in Wahrheit ließ sich der Herr 20 Jahre lang nicht in der Stadt blicken.

Es war sein Premierminister Marquês de Pombal, der die Zügel in die Hand nahm und die zerstörte Stadt wieder aufbaute. Mit seinen jetzt gelb gestrichenen Fassaden und mehr Gastronomie als Ministerien entlang seiner schönen Arkaden, ist der große Platz ideal für Papstmessen und andere feierliche Anlässe, vom 25.-April-Gedenkkonzert bis zum Silvestertreff fürs Feuerwerk. Der *Patio da Galé* bietet eine Touristinformation und Gastronomie neben der ehemaligen Hauptpost, wo in den 1940er-Jahren jüdische Flüchtlinge auf ihr Visum, auf Schiffstickets und andere schicksals-

entscheidende Korrespondenz warteten. Gegenüber lockt das *Biermuseum* mit Bieren aus den ehemaligen Kolonien. Das *Lisboa Story Centre (tgl. 10–19 Uhr | Eintritt 6,50 Euro | lisboastorycentre.pt | Metro (blau) Terreiro do Paço |* ⏱ *1½ Std.)* führt spannend durch Lissabons Geschichte. Im Restaurant *Can the Can* unter den Arkaden gibt's eine kulinarische Rarität zu probieren und zu kaufen (ab 15 Euro): <mark>eine Fisch-Würzsauce, wie sie schon die alten Römer durch Fermentieren von Sadinen in Fischtanks herstellten.</mark> 🗺 *c–d5*

INSIDER-TIPP Fermentierter Fisch

🔟🕮 CENTRO INTERPRETATIVO DA HISTÓRIA DO BACALHAU

Ein paar Häuser wasserwärts bietet das neue Stockfisch-Museum einen historisch-kulturell-gastronomischen Rundumschlag zum Lieblingsfisch der Portugiesen. Wer wollte sich nicht immer schon mal interaktiv in einem heruntergekühlten Raum in ein wackliges Fischerboot setzen und nachfühlen, wie es einem Kabeljaufischer auf See geht? Den „treuen Freund" essen kann man hier auch und im Souvenirshop witzige Merchandiseartikel erwerben. *Tgl. 10–19 Uhr | Eintritt 4 Euro | Terreiro do Paço | Torreão Nascente | historiabacalhau.pt | Metro (blau) Terreiro do Paço |* ⏱ *1½ Std. |* 🗺 *d5*

🔟🕮 CENTRO TEJO

Auf der anderen Straßenseite, in der neuen Art-déco-Fährstation *Sul e Suleste,* erzählt das Centro Tejo (gleichzeitig Tourist-Info) die Story des Flusses, ohne den es kein Lissabon gäbe.

Ein Riesen-3D-Modell der Mündung, schöne Azulejos, Infos zu Natur und Architektur. **INSIDER-TIPP** **Chillen am Tejo-Ufer** Im angeschlossenen Ufercafé *1884* sitzt du drinnen oder draußen direkt am Fluss. *Tgl. 10–13, 14–19 Uhr | Av. Infante Dom Henrique 1B | visitlisboa.com/en/places/ask-me-lisboa-centro-tejo | Metro (blau) Terreiro do Paço |* ⏱ *1 Std. | ▥ d5–6*

16 PRAÇA DO MUNICÍPIO

Hier steht das Rathaus *(Paços do Concelho),* 1910 Bühne für die Ausrufung der Republik und heute Sitz der Stadtverwaltung *(Câmara Municipal).* Jeden ersten Sonntag im Monat (11 Uhr) können Besucher den neoklassizistischen Bau besichtigen. Die gewundene Doppelsäule auf dem Platz diente früher auch als Pranger. Nebenan erzählt das Geldmuseum, *Museu do Dinheiro*, in der St.-Julians-Kirche *(museudodinheiro.pt)* die Geschichte des Mammons. *Eléctrico 15, 18 Praça do Comércio | Metro (grün, blau) Baixa-Chiado | ▥ c5*

17 ELEVADOR DE SANTA JUSTA ⚑

Der Star unter Lissabons *elevadores* ist diese verspielte Gusseisenkonstruktion, ein richtiger Fahrstuhl, dessen geräumige Holzkabinen über 30 m senkrecht nach oben gezogen werden. Gebaut hat ihn Raul Mesnier de Ponsard, ein Schüler Gustave Eiffels. 1902 wurde der Aufzug eingeweiht *(5,30 Euro bzw. mit Carris/Metro-Tageskarte).* Oben gibt's eine Terrasse – der Aussichtsspot noch weiter oben ist zzt. geschlossen – und den Übergang in die Oberstadt und zum neuesten Projekt des Chiado- Modernisierers Álvaro Siza Vieira: den Café-terrassen unterhalb der Carmo-Kirche. *Tgl. 7–23, im Winter bis 21 Uhr | Metro (blau, grün) Baixa-Chiado | ▥ b3*

18 PRAÇA DA FIGUEIRA

Nur durch eine Häuserreihe ist dieser Platz vom Rossio getrennt. Markenzeichen: die Tauben, die um das Reiterstandbild von König João I. herumflat-

Abkürzung für müde Füße:
Elevador de Santa Justa

tern, und Skateboarder. In Nr. 18: die älteste Konditorei der Stadt, die *Confeitaria Nacional*, bekannt für leckeren *Bolo-Rei* – Hefekranz mit kandierten Früchten. *Metro (grün) Rossio |* 🗺 *c2*

⏹ ROSSIO ⭐

Hier schlägt das Herz der Tejo-City, rundum pulsiert das Leben. Der Platz (offiziell Praça Dom Pedro IV) mit dem 🏴 kunstvollen Wellenmosaik wird von alteingesessenen Läden und dem Traditionscafé *Nicóla* flankiert. An der Nordseite liegt das klassizistische Nationaltheater *Dona Maria II (Blick hinter die Kulissen, auch auf Deutsch, Mo 11 Uhr, außer Aug. | tndm.pt)*. Rechts davon, etwas nach hinten versetzt, die *Igreja São Domingos,* wo einst die Inquisition ihre Urteile verlas. Vor der Kirche erinnern Mahnmale an die Juden-Hetzjagd 1506, die hier begann. Der riesige Kirchenraum bewahrt durch einfühlsame Restaurierung die Erinnerung an einen Brand von 1959. An der Nordwestecke des Platzes liegt der neomanuelinische Bahnhof Rossio mit den verschnörkelten, hufeisenförmigen Eingängen. Um den Rossio gibt's Minibars, die den beliebten *Ginginja*-Kirschlikör ausschenken. *Metro (grün) Rossio |* 🗺 *b–c2*

⏹ PRAÇA DOS RESTAURADORES

Ein 30 m hoher Obelisk erinnert an die Befreiung Portugals 1640 von den Spaniern. Der Tag des Siegs im Krieg der Restauration ist heute Feiertag (1. Dezember). Im pinkfarbenen *Palácio Foz* war unter Diktator Salazar die Propagandazentrale des Landes untergebracht. Heute befinden sich hier ein

Sportmuseum, ein 🎭 Kinderkino sowie eine Touristinformation (auch Touristenpolizei, *tgl. 10–18 Uhr). Metro (blau) Restauradores |* 🗺 *b1*

⏹ ELEVADOR DA GLÓRIA

Dank seiner günstigen Lage der meistgenutzte *elevador.* Seit 1885 verbindet er die Unterstadt Baixa mit dem Vergnügungsviertel Bairro Alto, deshalb ist er bis ca. Mitternacht geöffnet. Die „Talstation" liegt am *Praça dos Restauradores* nahe der Touristinfo, die „Bergstation" neben dem schönen Aussichtspunkt *Miradouro São Pedro de Alcântara*. Man kann die Strecke auch zu Fuß überwinden und dabei Straßenkunst bestaunen. *Metro (blau) Restauradores |* 🗺 *a1–2*

⏹ AVENIDA DA LIBERDADE

Die 1,5 km lange Prachtallee aus dem Jahr 1886 verbindet die Praça dos Restauradores mit der Praça Marquês de Pombal und schlägt die Brücke zwischen dem alten und dem neuen Lissabon. Baumbestandene Grünstreifen mit Cafés trennen die Straße von den mosaikgeschmückten Bürgersteigen. Entlang der Promenade liegen elegante Hotels und schicke Boutiquen, feudale Bürgerhäuser, aber auch einige unansehnliche Bausünden. Ein Riesenerfolg ist die Renaissance der Avenida-Kioske mit unterschiedlicher Gastronomie – von Meeresfrüchten bis zu Hotdogs, manche, wie der Time-Out-Kiosk, oft mit Livemusik – und die Wiederbelebung des hundertjährigen Varietétheaterparks *Parque Mayer* mit seinem neuen *Capitólio*-Theater in Art-déco-Optik. *Metro (blau) Restaura-*

Keine Kirche, sondern das neomanuelinische Portal des Rossio-Bahnhofs

dores, Avenida, Marquês de Pombal | *L–M 7–8*

23 ELEVADOR DO LAVRA

Der *elevador* von 1884 ist der älteste der Stadt. Oben liegt der *Campo dos Mártires da Pátria* mit der Deutschen Botschaft und dem *Goethe-Institut (Instituto Alemão)*. Dort finden heimwehkranke deutsche Muttersprachler einen Lesesaal mit deutschen Medien und das *Goethe-Café* mit Biergarten. Das gastronomische Angebot besteht aus einer zentralen Pizzeria, flankiert von einem Eissalon, einem kleinen Café und Mini-Mercados für ein Takeaway-Getränk auf die Parkbank. *Metro (blau) Restauradores* | *M8*

24 PARQUE EDUARDO VII

Lang zieht sich der Park hinter dem Marquês-de-Pombal-Platz den Hügel hinauf. Fotografen sollten sich den Shot vom oberen Ende nicht entgehen lassen. Bei schönem Wetter reicht die Sicht bis zum anderen Tejo-Ufer. Nur wenige Touristen verirren sich in die idyllischen Gewächshäuser der *Estufas (tgl., Sommer 10–19, Winter 9–17 Uhr | Eintritt 3,10 Euro, So bis 14 Uhr gratis | estufafria.cm-lisboa.pt)* am oberen Ende des Parks. *Metro (blau) Marquês de Pombal, Parque*

Nah am Marquês-de-Pombal-Kreisverkehr lässt das *Hotel Ritz Four Seasons (tgl. 24 Std. | Rua Rodrigo da Fonseca 88 | fourseasons.com)* auch Kunstfans, die nicht im Haus untergekommen sind, die ⭐ Super-Sammlung portugiesischer moderner Kunst mit Wandteppichen, Azulejofriesen und Gemälden besichtigen (Eingang auf der dem Park abgewandten Seite). Konsumieren muss man nichts. Für alle „Wenn schon, denn schon"-Kandidaten empfiehlt sich *Tea at the Ritz (ab 25 Euro)*: Fläzt euch in Ruhe diskret in die Sessel und schnuppert ein bisschen VIP-Luft! *K–L 6–7*

25 JARDÍM BOTÂNICO

Eine grüne Oase in der City, wie geschaffen für erholsame Spaziergänge. Der tropische alte Baumbestand des 1873 angelegten Gartens – u. a. Drachenbäume, Palmen, Kakteen und Tropenpflanzen – stammt hauptsächlich aus den ehemaligen portugiesischen Kolonien. Teiche, Treppchen und Statuen geben dem Park einen charmant-pittoresken Look; wichtige Infos sind auf Schrifttafeln (Port./Engl.) zusammengefasst. *Tgl. 10–20, im Winter 10–17 Uhr | Eintritt 5 Euro | Rua da Escola Politécnica 58 | museus. ulisboa.pt | Metro (gelb) Rato | 1½ Std. | L8*

CHIADO & BAIRRO ALTO

Zum Chiado gehören eigentlich nur wenige Straßenzüge, und doch liegt hier die künstlerische Seele der Stadt.

Der „Meridian der Literaten", so der Lissabonner Autor José Cardoso Pires (1925–98), war jahrhundertelang Treffpunkt von Künstlern, Modemachern, Dandys, Dichtern und Intellektuellen. Hier sitzt in Bronze gegossen Portugals berühmter Schriftsteller Fernando Pessoa vor einem seiner Lieblingscafés, dem *A Brasileira*, rundherum befinden sich die Oper *São Carlos*, prächtige alte Theater und die besten Antiquariate der Stadt. Als im August 1988 ein Großbrand im Viertel wütete, stand ganz Lissabon tagelang unter

Schöne Aussichten am Rand des Bairro Alto: der Miradouro São Pedro de Alcântara

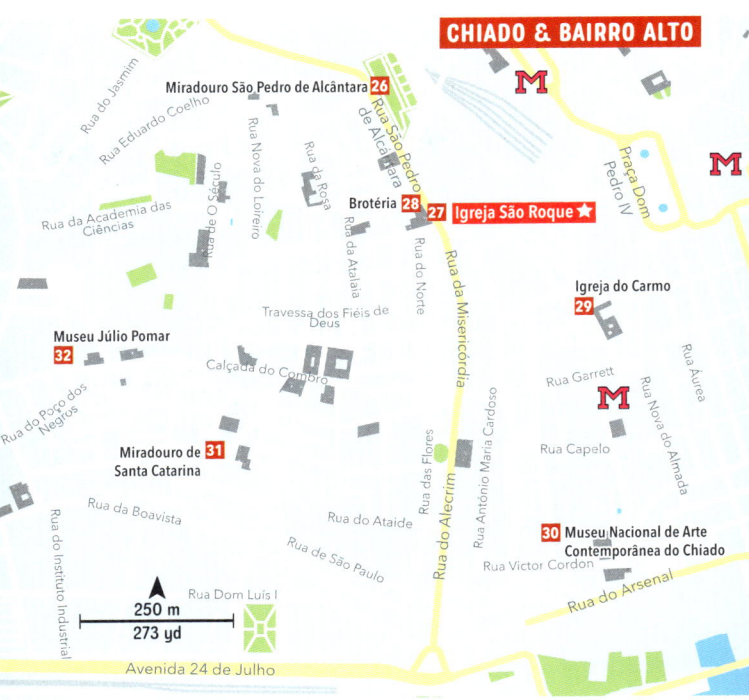

CHIADO & BAIRRO ALTO

Schock. Das benachbarte *Bairro Alto* ist Lissabons Vergnügungsbezirk. Neben Kneipen, Restaurants, Bars und Clubs sorgen originelle Szeneläden abends für regen Zulauf. Tagsüber hingegen herrscht im Viertel angenehme Ruhe.

26 MIRADOURO SÃO PEDRO DE ALCÂNTARA ⚑

Unter Bäumen sprudelt ein Springbrunnen, Holzbänke und Open-Air-Café bieten einen Ruhepunkt, bevor man zum Szeneviertel Príncipe Real weitergeht. Phantastische Aussicht auf das alte Lissabon mit den Vierteln Mouraria und Alfama, den Kirchtürmen, Kuppeln und dem Castelo de São Jorge! *Metro (blau) Restauradores, dann Elevador da Glória* | 📖 *a1–2*

27 IGREJA SÃO ROQUE ★

Die 1566 auf einem Pestfriedhof erbaute Jesuitenkirche überstand das große Erdbeben 1755 fast unbeschadet. Glanzstück der acht Seitenkapellen ist die Johannes dem Täufer gewidmete *Capela de São João Baptista* vorne links. König João V. gab sie 1742 in Rom in Auftrag. Die besten Künstler der Zeit arbeiteten mit den edelsten Materialien: Carrara-Marmor, Gold, blauer Lapislazuli, lila Amethyst. Nach der Segnung durch den Papst wurde die Kapelle in Einzelteilen nach

Lissabon verschifft und dort in jahrelanger Arbeit wieder aufgebaut. Das angeschlossene *Museu de São Roque (Di–So 10–18 Uhr | Eintritt 2,50 Euro, So bis 14 Uhr frei | museusaoroque. com)* zeigt die zweitgrößte Reliquiensammlung der Iberischen Halbinsel. *Kirche: April–Sept. Mo 14–19, Di–So 9–19, Do bis 21, Okt.–März nur bis 18 Uhr | Eintritt frei | Largo Trindade Coelho | Metro (blau) Baixa-Chiado, Restauradores, dann Elevador da Glória | Eléctrico 28 Largo de Camões | ⏱ Kirche 30 Min., Museum 1 Std. | ▥ a2*

28 BROTÉRIA

Gegenüber ist die Brotéria ein unerwartet spektakuläres Kulturzentrum der Jesuiten – mit spannendem Programm, moderner Kunst und einem hübschen Patiocafé. *Mo–Sa 10–18 Uhr | Eintritt frei | Rua São Pedro de Alcântara 3 | broteria.pt | ▥ a2*

29 IGREJA DO CARMO

Als steinernes Mahnmal erhebt sich die Ruine der Carmo-Kirche weithin sichtbar über der Altstadt. Der gotische Konvent (14. Jh.) wurde beim Erdbeben 1755 bis auf die Portalbögen und ein paar Wände zerstört. Im Inneren ist das archäologische Museum untergebracht. Im Sommer laufen tolle immersive Videomapping-Spektakel zur Stadtgeschichte. Die Kirche liegt am lauschigen Largo do Carmo mit Brunnen, Café, Kiosk. Neu: jetzt auch Cafébetrieb auf den Carmo-Terrassen um die Ecke. *Mo–Sa 10–19, Nov.–April bis 18 Uhr | Eintritt 5 Euro |* *Largo do Carmo 4 | museuarqueologi codocarmo.pt | Metro (blau, grün) Baixa-Chiado | ⏱ 1½ Std. | ▥ b3*

30 MUSEU NACIONAL DE ARTE CONTEMPORÂNEA DO CHIADO

Das Museum für zeitgenössische Kunst ist im *Convento de S. Francisco* untergebracht. Es zeigt eine Sammlung portugiesischer Kunst ab Mitte des 19. Jhs. und macht mit tollen Foto- und Modern-Art-Ausstellungen Furore. *Di–So 10–18 Uhr | Eintritt 4,50 Euro | Rua Serpa Pinto 4 | museuarte contemporanea.pt | Metro (blau, grün) Baixa-Chiado | ⏱ 1½ Std. | ▥ b5*

31 MIRADOURO DE SANTA CATARINA

Die Aussichtsterrasse *(tgl. 7.30–23.30 Uhr)* ist wie geschaffen für laue Sommernächte. Weiter Blick über Hafen und Tejo. Am Café-Kiosk neben der „Adamastor"-Skulptur trifft sich junges Szenevolk. Auch toll: die Aussichtsterrasse des (kinderfreundlichen) *Noobai*-Cafés *(tgl. 10–24 Uhr)* daneben. *Eléctrico 28 Calhariz-Bica | Metro (blau, grün) Baixa-Chiado | ▥ L9–10*

32 MUSEU JÚLIO POMAR

Júlio Pomar (1926–2018) war einer von Portugals besten Künstlern. Heute zeigt sein Atelier-Museum 100 Arbeiten verschiedener Schaffensperioden (Neorealismus, Neoexpressionismus). Die Gestaltung der Räume trägt die Handschrift des Architekten Siza Vieira. *Di–So 10–13 und 14–18 Uhr | Eintritt 2 Euro | Rua do Vale 7 | atelier museujuliopomar.pt | Metro (blau, grün) Baixa-Chiado | ⏱ 1 Std. | ▥ L9*

Ein Gewölbeskelett als Mahnmal für das große Erdbeben von 1755: Igreja do Carmo

CAMPO DE OURIQUE, LAPA & MADRAGOA

Das beschauliche Viertel Campo de Ourique entstand Ende des 19. Jhs. Schöne Jugendstilfassaden, nette Cafés und Geschäfte machen den Charme des Wohnviertels aus.

Lapa nahe der Basílica da Estrela ist Diplomatenrevier und der vornehmste Bezirk der City. Die angrenzende Liliputgemeinde *Madragoa* mit ihren bezaubernden Gassen, alten Kirchlein und idyllischen Plätzen ist eins der nettesten und unverfälschtesten Altstadtviertel. Die Eléctrico 25 schaukelt einen durch einige schöne Ecken.

33 ASSEMBLEIA DA REPÚBLICA

Im *Palácio de São Bento* tagt hinter einer strahlend weißen neoklassizistischen Säulenfront das Parlament, hinten im Garten (Geheimtipp: So geöffnet!) hat der Premierminister seinen Sitz. Freitreppen, flankiert von marmornen Löwen, führen zum Palast (19. Jh.), der auf den Ruinen des Benediktinerkonvents São Bento de Saúde erbaut wurde. *Av. Dom Carlos | parlamento.pt | Eléctrico 28 Calçada Estrela |* 🗺 *K9*

34 JARDIM DA ESTRELA

Hübscher Stadtpark vor der *Basílica da Estrela* mit alten Bäumen, Holzbänken unter Platanen, einem kleinen Terrassencafé und Teichen; in der Mitte ein filigraner Jugendstil-Musikpavillon. Über den oberen Ausgang ist es nicht weit zur Rua de São Bento mit ihren reizenden Läden (wochentags) und

CAMPO DE OURIQUE, LAPA & MADRAGOA

Map labels:

- **36** Cemitério dos Prazeres
- **34** Jardim da Estrela
- Basílica da Estrela **35**
- Calçada da Estrela
- Rua de Santo Amaro
- Rua de São Bento
- Rua de Possolo
- Rua Possidónio da Silva
- Rua do Borja
- Avenida Infante Santo
- Jardim das Necessidades
- Jardim dos Catos
- Calçada das Necessidades
- Rua de Buenos Aires
- Rua de Borges Carneiro
- Rua da Lapa
- Rua do Quelhas
- Rua de São Félix
- Rua das Praças
- Rua de São Domingos
- Rua García de Orta
- Avenida Dom Carlos I
- Assembleia da República **33**
- Calçada do Marquês de Abrantes
- Rua do Pau de Bandeira
- Rua Ribeiro Sanches
- Rua da Arriaga
- Rua das Janelas Verdes
- Avenida 24 de Julho
- Rua Presidente Arriaga
- **37** Museu Nacional de Arte Antiga
- Avenida de Brasília
- Rio Tejo
- 250 m
- 273 yd

dem letzten Wohnsitz der Fado-Queen Amália Rodrigues *(Nr. 193, amaliaro drigues.pt). Praça da Estrela | Eléctrico 25, 28 Estrela |* 🗺 *J–K9*

35 BASÍLICA DA ESTRELA

Die weiße Kuppel der Sternenbasilika sticht beeindruckend aus der Skyline Lissabons heraus. Sie ist begehbar und bietet einen tollen Rundblick *(Kuppel 4 Euro).* Die Basilika wurde 1777 von Königin Maria I. (1734–1816) aus Dankbarkeit für die Geburt eines Thronfolgers gestiftet. Heute finden hier viele VIP-Begräbnisse statt. Besonders schön ist die neoklassizistische Hauptfassade mit den Marmor-

statuen *(tgl., z.T. mittags geschl.).* Schön ist außerdem die größte Barockkrippe des Landes *(Besichtigung 2 Euro)* von Altmeister Machado de Castro – über 400 Figuren zeigen den Stall in Bethlehem, dazu eine typisch portugiesische, realistisch-rustikale Szenerie aus Terrakotta und Kork. *Eléctrico 25, 28 Estrela |* ⏱ *1 Std. |* 🗺 *J9*

36 CEMITÉRIO DOS PRAZERES

Der riesige *Friedhof der Vergnügungen* (1833) ist eine kleine Stadt für sich. Prächtige Mausoleen und bescheidene Grabstellen liegen nah beieinander. Viele berühmte Portugiesen fanden hier ihre letzte Ruhe, aber be-

sonders interessant sind die Grablie-
gen für Berufsgruppen und die schie-
re Vielfalt der Grabarchitektur. *Okt.–
April tgl. 9–17, Mai–Sept. 9–18 Uhr |
Praça São João Bosco | Parada dos Pra-
zeres | Eléctrico 28 Endhaltestelle 25
Rua Saraiva de Carvalho | Bus 709 Rua
Saraiva de Carvalho | ⏱ 1 Std. | 🗺 H9*

37 MUSEU NACIONAL DE ARTE ANTIGA

Das Nationalmuseum für alte Kunst
besitzt die bedeutendste Kunstsammlung Portugals, stilvoll in einem Palast
eines indischen Vizekönigs aus dem
späten 17. Jh. präsentiert. Die Objekte
erzählen Geschichten, ob japanische
Raumteiler mit Portugiesen als „Lang-
rasen" auf Schiffen dargestellt, ob
Möbel, Keramik, Glas, sakrale Silber-
und Goldarbeiten oder orientalische
Elfenbein- und Perlmuttobjekte. Groß-
artig ist die Gemäldesammlung europäischer Meister, darunter Werke von
Dürer, Holbein, Cranach, Velázquez.
Stars der Show sind der sechsteilige
Flügelaltar des portugiesischen Früh-
renaissance-Malers Nuno Gonçalves
und Hieronymus Boschs Triptychon
„Die Versuchung des Heiligen Antoni-
us" – nichts für Leute, die zu Albträu-
men neigen. Superschön ist in jedem
Fall die frei zugängliche Terrassenbar
mit Blick über den Tejo und den alten
Hafen. *Di–So 10–18 Uhr | Eintritt
6 Euro | Rua das Janelas Verdes 95 |
museudearte antiga.pt | Eléctrico 15,
Bus 714 Cais Rocha | ⏱ 2 Std.*
Nebenan, im *Jardim 9 de Abril,* ist die
Bistrocafé-Cocktailbar *Le Chat (Mo–Do,
So 12.30–1, Fr/Sa 12.30–2 Uhr)* mit
super Blick über den Fluss ideal für

den Sundowner – und dank der späten Öffnungszeiten auch für einen stilvollen Absacker. 🗺 *J10*

BELÉM, RESTELO & AJUDA

**In Belém (Bethlehem), ca. 7 km
westlich vom Stadtzentrum, stehen
die meistbesuchten Sehenswürdigkeiten der Hauptstadt, etwa das
Hieronymuskloster (Mosteiro dos
Jerónimos) oder die Torre de Belém.**
Das große Erdbeben von 1755 ver-
schonte den Stadtteil. Nach der Katas-
trophe wurden Belém und insbeson-
dere die angrenzenden Viertel Restelo
und Ajuda deshalb zum begehrten
Wohnsitz von Reichen und Adligen.

Die 28 zuckelt an der Basílica da Estrela vorbei

Das ist bis heute so geblieben. Im Herzen Beléms liegt der rosafarbene *Palácio de Belém,* seit Gründung der Republik 1910 Sitz des portugiesischen Präsidenten. Nicht weit von hier wohnte bis zum Ausruf der Republik die königliche Familie im *Palácio Nacional da Ajuda.* Der lange unfertige „halbe" Palast, erst 2022 mit dem Nationalschatz-Museum abgeschlossen, grenzt an den *Jardim Botânico da Ajuda (jardimbotanicodajuda.com),* den ältesten botanischen Garten Portugals.

38 MAAT ★

Lissabons Antwort auf die Londoner Tate Modern Gallery: Das Museum für Architektur, Kunst und Technologie ist mit seinem gewagten Bogenlook seit

Wie sich das Fahrzeugdesign doch verändert hat: Kutschenmuseum

2017 ein neuer Hingucker am Tejo. Der großzügige Bau mit seinen spannenden Installationen und dynamischen Dialogen zwischen Architekten und Künstlern ist schön als Ziel für einen 7 km langen Spaziergang am Fluss entlang: z. B. von der *Torre de Belém* (s. S. 52) oder vom *Mosteiro dos Jerónimos* (s. S. 50) bis zum Cais do Sodré. Das alte Elektrizitätsmuseum im roten Backsteingebäude ist jetzt Teil des MAAT. Praktisch ist der Brückenübergang zum *Kutschenmuseum* (s. u.). Das lichte, coole *MAAT Café & Kitchen (tgl. 11–24, Do–Sa 11–1 Uhr, Fr mit DJ | Tel. 9 10 58 37 09 | Instagram: maatcafe kitchen)* ist frei zugänglich. Am Wochenende bruncht ihr euch zwischen 10 und 12 Uhr mit kunstaffinen Lissabonnern ins Wochenende. *MAAT: Mi–Mo 10–19 Uhr | Eintritt MAAT 5 Euro, Elektrizitätsmuseum (Central) 5 Euro, Kombiticket 9 Euro, 1. So im Monat frei | Av. Brasília/Central Tejo | Tel. 2 10 02 81 30 | maat.pt | Eléctrico 15 oder Vorortszug Belém | Busse 714, 727, 728, 729, 751 Belém | ⏱ 2 Std. | ▥ E12*

INSIDER-TIPP
Brunch mit Flussblick

39 QUAKE 👥

Seit 2022 kannst du dir im interaktiven *Lisbon Earthquake Center* eine Rüttelmassage mit Bildungswert gönnen. Denk nicht zu viel über den horrenden Eintrittspreis nach, schnall dir das Radiofrequenz-Bändchen ums Handgelenk, und los geht's auf eine spannende, informative Zeitreise zurück ins Jahr 1755, als die Stadt vom *terremoto* (Erdbeben) in Schutt und

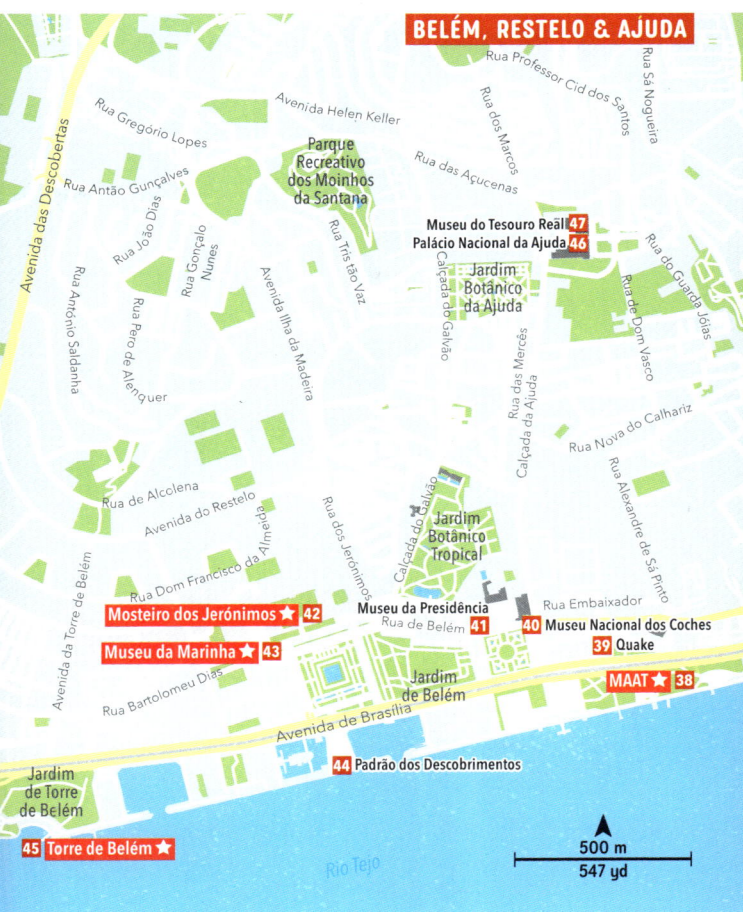

BELÉM, RESTELO & AJUDA

Rua Professor Cid dos Santos
Rua Sá Nogueira
Rua Gregório Lopes
Avenida Helen Keller
Rua das Marcos
Rua Antão Gunçalves
Parque Recreativo dos Moinhos da Santana
Rua das Açucenas
Avenida das Descobertas
Rua João Dias
Rua Gonçalo Nunes
Rua Trís tão Vaz
Museu do Tesouro Reäl **47**
Palácio Nacional da Ajuda **46**
Rua do Guarda Jóias
Rua António Saldanha
Rua Pero de Alenquer
Avenida Ilha da Madeira
Calçada da Ajuda
Jardim Botânico da Ajuda
Calçada da Galvão
Rua de Dom Vasco
Rua das Mercês
Rua da Ajuda
Rua Nova do Calhariz
Rua Alexandre de Sá Pinto
Rua de Alcolena
Avenida do Restelo
Calçada do Galvão
Jardim Botânico Tropical
Calçada do Galvão
Rua dos Jerónimos
Rua Dom Francisco da
Museu da Presidência
Rua Embaixador
Rua de Belém **41**
Mosteiro dos Jerónimos ★ 42
40 Museu Nacional dos Coches
39 Quake
Museu da Marinha ★ 43
Avenida da Torre de Belém
Rua Bartolomeu Dias
Jardim de Belém
MAAT ★ 38
Avenida de Brasília
Jardim de Torre de Belém
44 Padrão dos Descobrimentos
45 Torre de Belém ★
Rio Tejo

500 m
547 yd

Asche gelegt wurde. 🗨 Spartipp: An einem Tag der Woche (zzt. Di) ist das Ticket günstiger. *Tgl., wechselnde Öffnungszeiten | Eintritt 21–30 Euro | Rua Cais de Alfândega Velha 39 | lisbon quake.com | Eléctrico 15, 18, Vorortszug von Cais do Sodré Richtung Cascais, Station Belém, Bus 714, 727, 728, 729, 751* | ⏱ 1¾ Std. | 🗺 *D–E 11–12*

40 **MUSEU NACIONAL DOS COCHES** 👗

Die portugiesische Creme de la Creme war immer gern stilvoll unterwegs, und das markante, „schwebende" Kutschenmuseum bietet einen so stilvollen wie ungewöhnlichen Rahmen für die zahlreichen Nobelkarrossen, Reisekutschen und Triumphgefährte vom

Prunkvoller Klosterkomplex in Belém: Mosteiro dos Jerónimos

16. bis zum 20. Jahrhundert. Der ältes-te und prunkvollste Teil ist im Gebäu-de gegenüber untergebracht. *Di–So 10–18 Uhr | Eintritt 8 Euro | Praça Afon-so de Albuquerque | museudoscoches. pt | Eléctrico 15 und Vorortszug von Cais do Sodré Richtung Cascais bis Be-lém | Busse u. a. 714, 727 Belém |* ⏱ *1½ Std. |* ▭ *D11–12*

41 MUSEU DA PRESIDÊNCIA

Das Museum im puderpink gestriche-nen Belém-Palast stellt euch die por-tugiesischen Präsidenten vor. Vom bescheidenen Intellektuellen Manuel Arriaga, der jede Geldverschwendung hasste (1910), bis zum seit 2016 am-tierenden „Mann des Volkes" Marcelo Rebelo da Sousa zeigt die Galerie alle Präsidenten des Landes. Wie bei je-dem offiziell genutzten Gebäude am besten vor Besuch anrufen! *Museum: Di–Fr 10–18, Sa/So 10–13, 14–18 Uhr | Eintritt 2,50 Euro (So und Fei bis 13 Uhr gratis) | Praça Afonso de Albuquer-que | Tel. 2 13 61 46 60 | museu.presi dencia.pt | Eléctrico 15 Belém |* ⏱ *1 Std. |* ▭ *D11*

42 MOSTEIRO DOS JERÓNIMOS ★

Es sollte stets das Erste sein, was vom Schiff aus bei der Ankunft in Lissabon zu sehen war: das Hieronymuskloster, Prunkstück des goldenen Zeitalters der Entdeckungen, Ruhestätte der großen Landessöhne, seit 1983 Unesco-Welterbe. König Manuel I., der Glückliche *(o Venturoso)* genannt, weil seine Seeleute ihm ein Weltreich mitbrachten, legte 1501 den Grund-stein. Beflügelt von den Seefahrerge-schichten schufen seine Baumeister üppige orientalische Verzierungen. Erst Jahrhunderte später sollte der ei-genwillige Baustil zwischen Gotik und Renaissance den Namen Manuelinik erhalten. Nach dem Tod König Manu-

Verzierungen gilt er als einer der schönsten der Welt – ein würdiger Rahmen für das Grab Fernando Pessoas, des großen modernistischen Dichters. Dem Kreuzgang ist ein Refektorium angeschlossen. Auch hier git es ein herrliches Netzgewölbe und dazu Azulejo-Paneele aus dem 18. Jh. mit der Story von Josef und seinen Brüdern: ein spannender Comic Strip! Übrigens: Wer am späten Nachmittag kommt, genießt goldenes Licht und weniger Volksauftrieb. *Kreuzgang: Okt.–April Di–So 9.30–17.30, Mai–Sept. Di–So 9.30–18.30 Uhr | Eintritt 10 Euro, Kirche: freier Eintritt | Praça do Império | mosteirojeronimos.pt | Eléctrico 15 | Zug von Cais do Sodré bis Belém | ⊙ 2 Std. | ⊞ C11*

INSIDER-TIPP
Sunset-Besuch ohne Anstehen

els I. im Jahr 1521 dauerte es noch fast 50 Jahre, bis das Kloster stand.

Wer durch die beiden meisterlich gefertigten Portale tritt, findet im Inneren sechs Pfeiler, die sich zu Palmen auffächern und einen Himmel aus Sternen und Quadraten bilden. Unter der Empore befinden sich zwei prächtige Sarkophage: Der von Vasco da Gama ist verziert mit Karavellen, Weltkugel und Kreuzrittersymbol, rechts daneben steht der des Nationaldichters Luís de Camões, geschmückt mit Federkiel, Lorbeerkranz und Leier. Der Autor des portugiesischen Nationalepos *Os Lusíadas* liegt allerdings nicht hier, er starb 1580 völlig verarmt an der Pest und wurde in einem Lissabonner Massengrab beigesetzt.

In Nischen beim Hochaltar stehen, getragen von marmornen Elefanten, die königlichen Sarkophage. Märchenhaft ist der doppelstöckige Kreuzgang: Mit seinen filigranen, üppigen

43 MUSEU DA MARINHA ★

Mit dem Marinemuseum, vollgestopft mit Schiffsmodellen von antik bis zeitgenössisch – Fischerboote, Walfangschiffe, Galeeren, Fregatten, Karavellen, Segelyachten, Kreuzer, Kriegsschiffe, Öltanker –, setzte die Seefahrernation Portugal sich und dem Zeitalter der Entdeckungen vor 150 Jahren ein Denkmal. Von den goldenen Zeiten zeugen auch Navigationshilfen, Landkarten, nautische Instrumente, Bordgeräte, Logbücher und Gemälde. Ein paar Hundert Meter entfernt stach vor mehr als 500 Jahren die Armada von Kapitän Vasco da Gama in See. *Tgl. 10–18, im Winter 10–17 Uhr | Eintritt 6,50 Euro, 1. So im Monat frei | Praça do Império | museu.marinha.pt | Eléctrico 15 CCB | ⊙ 1½ Std. | ⊞ C11*

44 PADRÃO DOS DESCOBRIMENTOS

Das mächtige weiße Denkmal in Belém versinnbildlicht den Aufbruch der portugiesischen Entdecker in neue Welten. Zu Ehren Prinz Heinrichs des Seefahrers (*Infante Dom Henrique*, 1394–1460) wurde es 1960 anlässlich seines 500. Todestages errichtet. Das wuchtige, 50 m hohe Denkmal schiebt sich wie der Bug einer Karavelle in den Tejo. Darauf steht an der Spitze Prinz Heinrich höchstselbst. Hinter ihm reihen sich dicht gedrängt wichtige Persönlichkeiten der Zeit: Kapitäne, Astronomen, Kartografen, Maler, Mönche, Schriftsteller. Mit dem Fahrstuhl ist man ruckzuck auf der Aussichtsterrasse – für den besten Blick auf das große Marmormosaik auf dem Boden vor dem Denkmal. Es zeigt eine Weltkarte mit den ehemaligen portugiesischen Kolonien. Da wird einem so richtig bewusst, wie unglaublich es ist, dass das kleine Portugal mit nur einer Million Einwohnern so mächtig werden konnte. *März–Sept. tgl. 10–19, Okt.–Feb. bis 18 Uhr | Eintritt 6 Euro | padraodosdescobrimentos.pt | Eléctrico 15 bzw. Vorortszug von Cais do Sodré Richtung Cascais bis Belém |* ⏱ *30 Min. |* 🗺 *C12*

45 TORRE DE BELÉM ★

Der kunstvoll im manuelinischen Stil gehaltene Wehrturm erinnert an die Zeit, als die portugiesischen Entdecker mit ihren Karavellen von hier aus in See stachen. Unter König Manuel I. 1515–21 errichtet, diente der Turm

Marmormosaik vor dem Padrão dos Descobrimentos: Wer findet alle Kolonien?

zum Empfang der voll beladenen Schiffe aus aller Welt und zur Verteidigung der breiten Flussmündung. Einst stand das Schmuckstück mit Steinkordel, Faltkuppeln und venezianischen Loggias auf einer kleinen Insel mitten im Tejo. Im Laufe der Jahrhunderte versandete der Fluss, und so ist die Torre heute über einen Steg zugänglich. Im Inneren liegen Kanonen, auf der Terrasse steht die Statue der Schutzheiligen des Erfolges, Madonna do Bom Sucesso, die bereits die Schiffe der Entdecker begrüßte. Von der Terrasse im 4. Stock hat man aus 35 m Höhe eine gute Sicht auf die umliegenden Stadtviertel und den Tejo. In der Hochsaison bilden sich allerdings Schlangen weit über den Steg hinaus, und es herrscht drangvolle Enge im Aufgang. *Okt.–April tgl. 10–17.30, Mai–Sept. bis 18.30 Uhr | Eintritt 6 Euro | torrebelem.pt | Eléctrico 15 Largo da Princesa |* ⏱ *1 Std. |* 🗺 *B12*

46 PALÁCIO NACIONAL DA AJUDA

Ein Schmuckstück für die Momente, wenn man den Besuchermassen mal entfliehen möchte. Als König José I. nach dem Erdbeben 1755 lieber hier draußen blieb, ließ er einen provisorischen Vorgängerbau errichten. König João VI. gab den Palastbau 1802 in Auftrag, doch erst 1862 bezog König Luís I. mit seiner Frau D. Maria Pia die Residenz, die nie ganz fertig wurde. Die junge, malerisch begabte Königin war verantwortlich für die Gestaltung der Gemächer. Der Palast ist üppig ausgestattet mit Antiquitäten und Kunst. Im rosafarbenen Sachsensaal sind selbst die Stühle und Tische aus Meissner Porzellan gefertigt. *Do–Di 10–18 Uhr | Eintritt 5 Euro | palacioajuda.gov.pt | Eléctrico 18, Bus 729, 742, 760 Calçada Ajuda (Palácio) |* ⏱ *1 Std. |* 🗺 *D10*

47 MUSEU DO TESOURO REAL

2022 eröffnete auf dem hinteren Teil des Geländes das Museum der königlichen Schatzkammer – mit tollen Kronjuwelen, liturgischem Schmuck, Tischservicen, Orden und anderem Bling-Bling. Beim Gang durch den dreistöckigen gold- schwarzen Safe – unvermeidlich etwas duster – lassen sich spannende Entdeckungen machen: ein riesiger Aquamarin, den die Portugiesen bei Verhandlungen gern als Diamant ausgaben, und schwarze Trauerjuwelen aus Onyx. Die elegante Cafeteria serviert zum schönen Blick u.a. Mateus-Rosé- Weinminiaturen in Mini-Bocksbeuteln. *Tgl. 10–18 Uhr | Eintritt 10 Euro | tesouroreal.pt | Eléctrico 18, Bus 729, 742, 760 Calçada Ajuda (Palácio) |* ⏱ *1¼ Std. |* 🗺 *D10*

AUSSERDEM SEHENSWERT

48 CRISTO REI

Den Blick auf Lissabon gerichtet, scheint die Christusstatue am südlichen Ufer des Tejo mit offenen Armen seine Besucher zu empfangen. Für manche ist der *Christkönig* ein Wallfahrtsort, für die meisten eher ein Aussichtspunkt mit herrlichem Blick über

Lissabon und das Tejo-Delta. Ein Aufzug fährt 80 m hinauf zur Aussichtsplattform mit der 28 m hohen Betonstatue. Die 1959 eingeweihte Christusfigur, eine Kopie des *Redentor* in Rio de Janeiro, entstand als Dank der portugiesischen Nation dafür, dass man im Zweiten Weltkrieg „ausgespart" wurde. *Tgl. ab 9.30 Uhr, geschl. wird je nach Jahreszeit zw. 18 und 19.30 Uhr | Eintritt 6 Euro | cristorei.pt | Fähre Cais do Sodré bis Cacilhas | dann Bus 101 Cristo Rei |* ⏱ *1 Std. |* 🗺 *O*

49 PONTE 25 DE ABRIL

Hm, die elegante *Ponte 25 (Vinte e cinco) de Abril* erinnert doch an was … Ja, an die Golden Gate Bridge in San Francisco! Diktator Salazar ließ sie bei der Einweihung 1966 auf seinen Namen taufen. Nach dem Sturz des Regimes wurde die Brücke umbenannt. Seitdem erinnert sie Lissabons Pendler jeden Tag an die Nelkenrevolution vom 25. April 1974. Fünf Fahrspuren führen in 70 m Höhe über den Fluss. 1999 wurden für eine Bahnverbindung in den Süden Portugals Schienentrassen unter die Fahrbahn gehängt. Cool: Seit 2018 braucht man nicht mehr hochzuschielen und sich zu fragen, wie's wohl da oben ist. Dank der *Pillar 7 Bridge Experience* darf man jetzt auf einen der Brücken-Sockel hoch. Erstmal durch den – spannend gemachten – Museumsteil hocharbeiten, dann spektakuläre Fotos schießen auf der engen Glasplattform über dem Nichts. Besonders toll bei Sonnenuntergang!

INSIDER-TIPP
Selfie-Time für Schwindelfreie

Bei der visuellen Schau neben dem Souvenirshop erlebst du die Brücke virtuell aus der Perspektive eines Brückenarbeiters. Top: Seit 2022 kannst du hier auch selbst unter der Brücke klettern (S. 106). *Tgl. 10–18, im Sommer bis 20 Uhr | Av. da India (Pilar 7 da Ponte 25 de Abril) | visitlisboa.com | Straßenbahn 15E, Busse 714, 727, 732, 751, Vorortszug Cais do Sodré/ Cascais: Alcântara |* ⏱ *1½ Std. |* 🗺 *G11–12*

50 MUSEU DO ORIENTE

Im imposanten Orientmuseum, einem ehemaligen Stockfischlager (Achtung: bisschen düster!), geht es um die portugiesische Präsenz in Asien. Antiquitäten, Bilder und Kunstobjekte erzählen von der großen Zeit der portugiesischen Entdecker – die Portugiesen waren die ersten „Langnasen", die in Japan Handel trieben. Die Missionsbestrebungen liefen weniger gut, wie man in Martin Scorseses Film „Silence" (2017) sehen konnte. Zu sehen gibt es Volkskunst und Trachten, Masken, Gemälde und Kultgegenstände. Am besten den Besuch mit einem Kulturevent verbinden: Workshops, Oper, Pop oder aktuelle Kunst aus China, Theater, Tanz, Kino, Orientrestaurant. Attraktiv ist die Kombi aus Eintrittspreis und und Mittagessen, die es in zwei Varianten gibt: einfach in der Cafetaria *(14,50 Euro)* oder großzügig mit allem im Restaurant im 5. Stock *(24 Euro)* – beides lohnt sich! *Di–So 10–18, Fr 10–22 Uhr | Führungen auf Englisch 8 Euro, vorab reservieren |*

INSIDER-TIPP
Orient-Spar-Express

Eintritt 6 Euro, Fr 18–22 Uhr frei | Av. de Brasília | Doca de Alcântara | foriente. pt | Eléctrico 15, 18 oder Vorortszug Richtung Cascais: Alcântara Mar (Museu Oriente) | ⏱ 1½ Std. | ▥ H11

🟥 BMAD.BERARDO MUSEU ARTE DECO

Die Jugendstil- und Art-déco-Sammlung des umstrittenen Millionärs Joe Berardo, dessen Sammlung zu moderner Kunst im *Centro Cultural de Belém (S. 99)* zu sehen ist, umfasst über 300 Objekte: Möbel, Keramik, Skulptur, Schmuck. Zum Abschluss gibt's noch eine Weinprobe im Garten, der auch ohne Ticket zugänglich ist. Neu: Jazzkonzerte. *Nur mit Führung: 10, 11, 11.30, 14.30, 15.30, 16.30, 17 Uhr | Eintritt 6 Euro | Rua 1º Maio 34 | bmad.pt | Eléctrico 15E, Busse 714, 760, Haltestelle Calvário | ▥ G10*

🟥 PARQUE FLORESTAL DE MONSANTO

Mal raus ins Grüne? Dafür hat Lissabon den riesigen Monsanto-Park im Nordwesten – die grüne Lunge der Stadt. Es gibt endlose Fahrrad-, Wander- und Reitwege, Trimm-Dich-Parcours, Picknickparks, Spielplätze und (wenige) Restaurants. Außerdem stehen Freeclimbing- und Skateanlagen bereit. Monsanto ist auch der Endpunkt der 14 km langen ⭐ *Biodiversitätsroute (Rota da Biodiversidade | short.travel/lis8)*, die an naturwissenschaftlich und historisch spannende Orte – Kapellen, Paläste und Geomonumente – führt, mit Startpunkt in Belém. *Bus 729 von Belém bis Montes Claros | ▥ C–G 5–10*

Cristo Rei ist eine Kopie der Christusstatue in Rio

🟥 AQUEDUTO DAS ÁGUAS LIVRES

Spätestens aus dem Fenster des Zugs nach Sintra erspäht man ihn: Der *Aquädukt der freien Wasser* macht gut was her. Obwohl Lissabon vom Tejo-Delta fast eingeschlossen ist, war Wassermangel jahrhundertelang das Hauptproblem der Stadt. König Dom João V. (1705–50) gab den Aquädukt in Auftrag und bat das Volk mittels einer Wasserabgabe dafür zur Kasse. Das Wasser wurde über 18 km unter- und oberirdisch bis zum Reservoir *Mãe d'Água* (Mutter des Wassers) in der Nähe des Amoreiras-Shoppingcenters geführt. Das monumentale Bogenbauwerk überstand wundersamerweise das Erdbeben von 1755 unbeschadet, erst 1967 wurde der Betrieb endgültig eingestellt. Die knapp

Verspielte Gartenarchitektur: Park des Palácio dos Marqueses de Fronteira

1 km lange Überbrückung des Alcântara-Tales bildet den eindrucksvollsten Teil des Aquädukts. Er besteht aus 35 Bögen, der größte ist 65 m hoch und 29 m breit. Den Fußweg über den Aquädukt kann man heute wieder begehen. Er ist nur in eine Richtung passierbar, bietet aber einen tollen Ausblick. *Di–Sa 10–17.30 Uhr | Eintritt 4 Euro | Calçada da Quintinha 6 | epal. pt | Bus 702 von Marquês de Pombal bis Cç. Mestres | ⏱ 30 Min. | 📖 H6/J7*

54 PALÁCIO DOS MARQUESES DE FRONTEIRA

Besonders schön an dem herrschaftlichen Palast im Stadtteil Benfica ist die romantische Gartenanlage. Der erste Marquês de Fronteira ließ das Palais im 17. Jh. als Jagdpavillon errichten. Besonders toll sind die Azulejos. Götter, Planeten, Sternzeichen, Vögel, Katzen und Affen verzieren Bänke und Fassaden auf der Veranda. Die prachtvoll gefliese Galerie der Könige dominiert den unteren Teil des Gartens. **Tiefblau leuchten die Azulejos in der Sonne und spiegeln sich im Teich davor wider.** *Nur mit Führung (Engl.): Juni–Sept. Mo–Sa und letzter So/Monat 10, 11.30, 16, Okt.–Mai Mo–Fr 10, 11.30, 14.30 und letzter So/Monat 10, 11.30 Uhr | Eintritt Palast und Garten 31, Garten 5 Euro | Largo São Domingos de Benfica 1 | fronteira-alorna.pt | Metro (blau) Jardim Zoológico, dann Bus 770 Palácio Fronteira oder Taxi | ⏱ 2 Std. | 📖 G5*

INSIDER-TIPP
Funkelndes Blau

55 JARDIM ZOOLÓGICO 🐾

Mit Familie da? Der Lissabonner Zoo macht seit über 130 Jahren Kinder glücklich. Heute leben hier rund 2000 Tiere, von Sumatra-Tigern über Giraf-

Palastes mit Möbeln und großartigen Azulejos, besonders schön die alte Küche. Nicht verpassen solltest du den 🎭 🦇 *Jardim Bordallo Pinheiro* mit seinen bunten, surreale Tierskulpturen von Altmeister Rafael Bordallo Pinheiro (gegenüber dem Museum): Affen hängen in Bäumen, Schnecken kriechen Wände hoch, arrangiert von der Pop-Artistin Joana Vasconcelos. Da machen die echten Pfauen (darunter ein Albino) Augen! Und das Beste: Kostenpunkt: null Euro! Super auch für Kinder. *Museum: Di–So 10–18 Uhr | Eintritt 3 Euro | Campo Grande 245 | museudelisboa.pt | Metro (gelb, grün) Campo Grande |* 🕐 *2 Std. inkl. Garten |* 🏛 *0*

fen bis zum iberischen Luchs. Außerdem: Rummelplatz, Pelikanfütterung, ein Bimmelbähnchen und eine Drahtseilbahn. Achja, und ein von LIDL gesponserter Streichelzoo und Gemüsegarten ... *Tgl. 10–19, März–Sept. bis 20 Uhr | Eintritt 27,50 Euro, Kinder (3–12 Jahre) 17 Euro | Estrada de Benfica 158–160 | zoo.pt | Metro (blau) Jardim Zoológico |* 🕐 *2½ Std. |* 🏛 *0*

56 MUSEU DE LISBOA – PALÁCIO PIMENTA

Tauch ein in Lissabons lange Stadtgeschichte, von der Antike bis in die Gegenwart, von riesigen römischen Fischsaucen-Amphoren bis zum interaktiven 3-D-Modell, das Lissabon vor dem Erdbeben 1755 zeigt. Das Museum ist im *Palácio Pimenta* untergebracht, den König João V. 1746 seiner Geliebten schenkte – einer Nonne! Fabelhaft ist schon das Interieur des

57 MUSEU CALOUSTE GULBENKIAN ★

Das größte Museum der Stadt ist gleichzeitig das schönste , wenn auch nicht von außen. Im Gulbenkian-Museum warten rund 1000 Werke der einzigartigen Kunstsammlung, die der armenische Ölmagnat Calouste Sarkis Gulbenkian Lissabon hinterlassen hat – als Dank für das gewährte Asyl im Zweiten Weltkrieg. Die Hälfte der ständigen Ausstellung zeigt orientalisches Kunsthandwerk: Tapisserien, Azulejos, Teppiche, Bücher, Schriften, Porzellan- und Glaswaren aus der Türkei, Persien, Syrien und China. In weiteren Räumen sind Bilder und Skulpturen europäischer Meister zu sehen: Werke von Rubens, Rembrandt, Frans Hals, Turner, Gainsborough, Manet, Degas, Renoir und Rodin. Außerdem: Stilmöbel, Porzellane und silberne Tafeldekorationen, vor allem französische Glanzstücke des 18. Jhs. Jugendstilfans kommen im René-Lalique-Raum auf ihre Kosten. In der Cafeteria mit Außengastronomie ist die Qualität des Essens top. Das Universum von „Mr Five Percent", der mit seiner Fünf-Prozent-Marge bei seinen Öl-Deals zu immensem Reichtum kam und nur das Feinste vom Feinsten erstand, erlaubt tiefe Einblicke in die Kunstgeschichte.

Bei einem Spaziergang durch den lauschigen 🐘 Gulbenkian-Park mischt man sich unter die Einheimischen. Das angeschlossene Museum für moderne Kunst ist leider bis 2024 für Umbauten geschlossen. Um die Ecke gibt's auch das Restaurant zum Thema: Im *Ararate (tgl. | Av. Conde Valbom 70 | ararate.pt | €€–€€€)* werden armenische Spezialitäten serviert. *Mi–Mo 10–18 Uhr | Eintritt 5 Euro, So ab 14 Uhr Eintritt frei, Kombiticket mit Centro de Arte Moderna 10 Euro | Av. de Berna 45a | museu.gulbenkian.pt | Metro (blau) São Sebastião, Praça de Espanha | ⏱ 2 Std. | 📍 K5*

INSIDER-TIPP
Tafeln wie der alte Gulbenkian

58 PARQUE DAS NAÇÕES ⭐ 🎭

Das ehemalige Expogelände ist zum Symbol für das neue Lissabon geworden. Die Weltausstellung 1998 war der Anlass für ein gigantisches Urbanisierungsprojekt. Fast aus dem Nichts entstand hier am Ufer des Tejo ein neuer Stadtteil, in dem heute rund 20 000 Menschen leben und arbeiten. Hier liegen Portugals architektonische Perlen der Moderne wie an einer Kette aufgereiht. Der insgesamt 17 km lange *Ponte Vasco da Gama* überbrückt (auf 12 km) das breite Tejo-Delta. Das andere Ufer ist ein Mekka für Birdwatcher, das erst einmal erhalten bleibt, nachdem die Pläne für einen neuen Flughafen dort wieder auf Eis gelegt wurden.

Pilgerstätte für Architekten bzw. Architekturfans ist der Hightech-Bahnhof *Oriente:* ein filigraner Palmenhain aus Stahl und Glas, entworfen vom spanischen Architekturguru Santiago Calatrava. Besuchermagnet Nummer eins im Park der Nationen ist das gigantische 🐠 *Oceanário (tgl. 10–20, im Winter bis 19 Uhr | Eintritt 22 Euro | oceanario.pt),* eines der größten Meerwasseraquarien Europas. Wer ansonsten ein bisschen in diesem (teuren!) Viertel umherstreift, findet viel coole öffentliche Kunst.

Der futuristische *Pavilhão Atlântico (Altice Arena,* bei der Expo damals der „Zukunftspavillon") bietet zu Großkonzerten und Sportevents gut 20 000 Zuschauern Platz. 2018 war Portugal hier Gastgeber des *Eurovision Song Contests.* Gleich hier liegen auch die Messehallen (*FIL*). Neben etlichen Restaurants, Bars und Kneipen zieht vor allem das sexy schwarzverglaste *Casino Lisboa* mit Showbühne und diversen (Gratis-)Events abends die Besucher an. Wer das Gelände lieber sportlich aktiv erkunden möchte, kann Fahrräder, ein Sitgo (eine Art elektrisches Sitzrad) oder Kajaks (zum Befahren des Ozeanarium-Bassins) mieten (*marinaparquedasnacoes.pt*). *portal dasnacoes.pt | Metro (rot) Oriente | 📍 S1–4*

59 MUSEU NACIONAL DO AZULEJO ★

Ohne das Kachelfliesenmuseum zu besuchen, sollte man auf keinen Fall die Stadt verlassen. Am besten lädt man sich an der Rezeption die Gratis-App runter; sie ersetzt den Audioguide und erklärt die chronologisch aufgebaute Mega-Sammlung der für Portugal so typischen Kunst der Fliesenmalerei – von den maurischen Anfängen bis ins 21. Jh. Nicht das Prunkstück im 3. Stock verpassen: das 35 m lange Azulejopanorama Lissabons vor dem Erdbeben – der Aufgang ist portugiesisch diskret, um nicht zu sagen etwas versteckt.

Untergebracht ist das Museum im „Muttergottes-Konvent", dem *Convento da Madre de Deus*. Erbaut wurde der Klarissinnen-Konvent 1509 von Leonor, der „perfekten Prinzessin". Sie war eine der reichsten Frauen ihrer Zeit, aber auch eine bescheidene. Beim Betreten der überwältigend mit Gemälden, Keramikfliesentafeln und vergoldeten Holzschnitzarbeiten ausgestalteten Kirche läufst du mal eben über ihr Grab. Nach Voranmeldung *(servicoseducativo@mnazulejo.dgpc. pt oder telefonisch)* kannst du bei einem einstündigen Workshop deine eigene Fliesenkachel bemalen *(Di–So 10–17 Uhr, 18,65 Euro inkl. Museum)*, die du dann zwei bis drei Tage später abholen kannst. Achtung Souvenir-Shopper: hübscher Museumsladen! Und last, but not least: Niemand kann sich dem Charme des Caférestaurants entziehen. Besonders an heißen Tagen lässt es sich hier unter Palmen gut aushalten. *Museum: Di–So 10– 18 Uhr | Eintritt 5 Euro | Rua Madre de Deus 4 | Tel. 2 18 10 03 40 | museudoa*

Kommen und staunen: Kachelmuseum im Kloster Madre de Deus

zulejo.pt | Busse 759, 794 Igreja Madre Deus | ⏱ *1½ Std. |* 🗺 *P–Q7*

AUSFLÜGE

🔟 ESTORIL

25 km westlich der City, 30 Min. mit dem Zug vom Bahnhof Cais do Sodré
Westlich von Lissabon an der Atlantikküste liegen die benachbarten Badeorte Estoril und Cascais, einst Seebäder der Könige und des Adels. Am besten einen ganzen Tag für den gemütlichen Ausflug einplanen und Badesachen mitnehmen. *Estoril* – heute mehr oder weniger mit Cascais zusammengewachsen (deshalb auch ohne eigene Tourist-Info) – ist nicht nur durch das größte Spielkasino Europas bekannt. Während des Zweiten Weltkriegs war der Ort auch ein regelrechtes Agentennest; Estoril gewährte vielen Prominenten und gekrönten Häuptern Asyl und ist sozusagen der Geburtsort des berühmtesten Agenten der Filmgeschichte: 007. Der britische Marineoffizier und Romancier Ian Fleming ließ sich hier von einem zockenden serbischen Doppelspion zu seiner Romanfigur inspirieren. Gönn dir einen James-Bond-Martini im stilvollen Ambiente des Hotels *Palácio Estoril*. Keinen Chipwurf vom Kasino entfernt wartet es mit einem 007-Martini inklusive generöser Gratis-Nüsschen auf dich.

Wer schon in Estoril aus dem Zug steigt, kann sich einen herrlichen Spaziergang auf der Strandpromenade bis nach Cascais geben. 🗺 O

INSIDER-TIPP
Shaken not stirred

Von hier ist ein Blick in den Höllenschlund (Boca do Inferno) gefahrlos möglich

ESTORIL/CASCAIS

61 CASCAIS

30 km westlich der City, 40 Min. mit dem Zug vom Bahnhof Cais do Sodré

Das mondäne *Cascais* konnte den Charme seines alten Ortskerns erhalten. In der lebhaften Altstadt gibt es viele Bars, Restaurants und Boutiquen – die britischen und irischen Pubs spiegeln die Einwohnerstruktur wider. Das Rathaus *(Câmara Municipal)* besticht durch seine schöne Azulejo-Fassade und hat eine gut gemachte Gratisausstellung zur Stadtgeschichte *(auch Engl., Mo geschl.)*. Auf dem südlichen Steilufer ragt die wuchtige Zitadelle hervor. Hier und auch schon am Bahnhof kann man für wenig Geld (Elektro-)Räder oder Roller mieten *(mobi. cascais.pt)*.

Durch den Stadtpark ist man schnell am Meeresmuseum *Museu do Mar – Rei Dom Carlos I. (Mo–Fr 10–17, Sa 10–13, 14–17 Uhr)*, das in erster Linie an die Fischfangtradition der Region erinnert und der schillernden Persönlichkeit des vorletzten Königs zu verdanken ist, der das Meer nicht nur liebte, sondern auch höchstpersönlich erforschte. Nebenan, im coolen Schornsteinbau des Architekten Souto da Moura, wird im *Paula-Rego-Museum (Di–So 10–17/ 18 Uhr | Eintritt 5 Euro | casadashistoriaspaularego. com)* das zum Teil verstörende, aber geniale Werk der 2022 in ihrer Wahlheimat London verstorbenen Paula Rego, der bekanntesten portugiesischen Künstlerin, gezeigt. In der italienisch angehauchten Gartencafeteria essen auch die Locals gern zu Mittag.

INSIDER-TIPP
Erholung von Paulas Kunst

Entlang der Uferstraße kommt man nach 1 km zum Naturschauspiel *Boca do Inferno*, dem 20 m tiefen „Höllenschlund". 5 km nördlich liegt einer der schönsten Strände Portugals. Die *Praia do Guincho* steht bei Wind- und Kitesurfern auf der ganzen Welt auf der Bucket List. Ein beliebter Treffpunkt ist die *Bar do Guincho (tgl. bis spätnachts)* direkt am Strand. Infos: *visit cascais.pt* | 🚐 *O*

62 SINTRA

20 km nordwestlich der City, 45 Min. mit dem Zug vom Bahnhof Rossio

Das pittoreske Unesco-Welterbe-Städtchen mit Königspalästen und Herrenhäusern, Parks und Gärten liegt nordwestlich von Lissabon am Fuß des Sintra-Gebirges. Die Eintrittspreise der Paläste sind allerdings gesalzen, frag nach günstigeren Kombitickets, zum Teil auch mit Zugtickets (*parquesdesintra.pt*). Eine Minute vom Bahnhof lockt zur Linken das *Café Saudade (saudade.pt)* mit Guesthouse – es lohnt sich, eine Nacht im Städtchen zu bleiben. Toll für Monarchie-Nostalgiker: das *Palácio de Sintra – Bed & Breakfast (Rua Consiglieri Pedroso 23 | über diverse Buchungsplattformen | €)*

Der *Palácio Nacional de Sintra (Do–Di 9.30–18/19 Uhr | Eintritt 10 Euro)* mit seinen auffälligen Kegelkaminen aus dem 16. Jh. wurde von den damaligen Royals als Sommerresidenz genutzt. Zeugen dieser Zeit sind einzigartige Kachelwände *(azulejos)*, die viel(e) Geschichte(n) erzählen. Hoch über Sintra thronen nicht nur die Ruinen der Maurenburg, sondern auch

der *Palácio Nacional da Pena (April-Okt. tgl. 9.45–19 Uhr | Eintritt 14 Euro | Nov.–März tgl. 10–18 Uhr, nur mit Zeitfenstertickets | ⏱ 1 Std.)*, ein Märchenschloss à la Neuschwanstein, umgeben von einem malerischen Park. Vom *Cruz Alta* (Hohes Kreuz), dem höchsten Punkt des Sintra-Gebirges (529 m), bietet sich ein einzigartiger Blick. Das Schloss selbst ist ein wild-romantischer Mix aus Gotik, Barock, Manuelinik, Renaissance und Maurenarchitektur. Du erreichst es per Taxi, mit dem Bus 434 oder zu Fuß. Beim *Turismo* gibt's Informationen zu Wanderungen, auch für den Vila-Sassetti-Pfad hoch zur Maurenburg.

Von Sintra sind es auf der EN 247 knapp 15 km bis zum Felsenkap *Cabo da Roca*, dem westlichsten Punkt des europäischen Kontinents. Die zur Terrassenbar umfunktionierte *Windmühle Moinho D. Quixote (Rua Campo da*

Farbenprächtiger Stilmix: Palácio Nacional da Pena oberhalb von Sintra

Bola 7 | Azoia), kurz vor dem Kap kannst du als Ausgangs- und/oder Endpunkt für spektakuläre Küstenwanderungen nutzen. Auskunft: *Turismo Sintra (Tel. 2 19 23 11 57 | cm-sintra.pt).* 🚻 *O*

STRÄNDE

Manche Lisboetas bevorzugen die urbaneren Strände im Westen, entlang der *linha* Richtung Cascais, wie die untouristische, kinderfreundliche 😎 *Praia de Santo Amaro de Oeiras*. Andere schwören auf die kilometerweite, dünengesäumte *Costa da Caparica*, die sich auf der Südseite des Tejo vom Badeort Caparica in Richtung Süden zieht. Mehrere Optionen: mit dem Bus 3710 von Sete Rios (blaue Metrolinie: Jardim Zoológico) bzw. mit dem 3708 vom Cais do Sodré ins Städtchen Caparica oder mit der Pendlerfähre nach Cacilhas (2,50 Euro hin und zurück), dann weiter mit dem 3011 oder 3022 *(carrismetropolitana.pt)*.

Willst du gleich weit weg, ans andere Ende des Endlosstrands, zum Fischerort *Fonte da Telha*? Dann nimm von Cacilhas den stündlichen Carris-Metropolitana-Bus 3011. Jeder der Costa-da-Caparica-Strände hat seine Strandbar: das *Waikiki (Nr. 15, Praia da Sereia)* ist Treffpunkt von Wellenreitern und Surfern,

INSIDER-TIPP
Surfer-Hotspot

das schicke *Borda d'Água (Nr. 14)* beliebt beim Lissabonner Jetset. Nr. 16 hat eine Kitesurfschule *(katavento.pt, bordadagua.com.pt)*. Der Abschnitt bei Nr. 19 ist Treffpunkt von Schwulen und Nudisten. Praktisch: Beim *Beach-19-Daytrip (u.a. lisbonbeach.com | ab 29 Euro)* wird einem die Logistik abgenommen; im klimatisierten Transporter mit getönten Scheiben geht's ab ins Beach-Feeling.

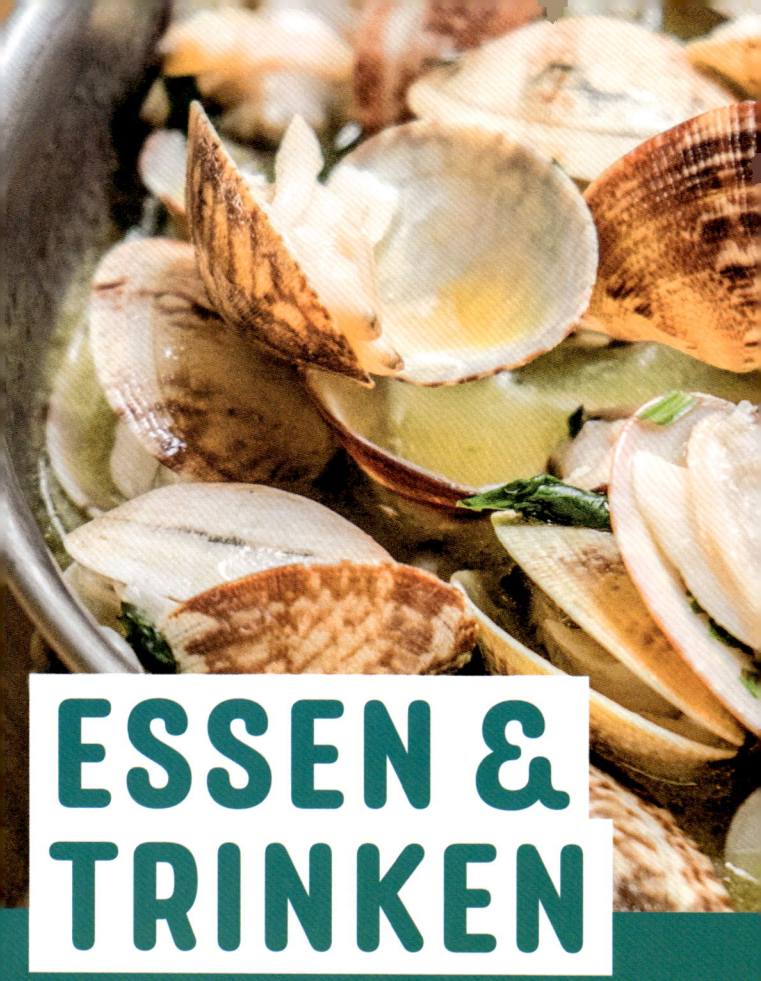

ESSEN & TRINKEN

Die traditionelle portugiesische Küche ist einfach, rustikal und deftig. Die Portionen sind meist reichlich. Auf den Teller kommen viel Fisch und Fleisch, Reis und Kartoffeln (oft gleichzeitig!), dazu einige Salatblätter als Standardgemüse.

Außergewöhnliches wird manchmal in einfachsten Wirtshäusern (*tascas*) aufgetischt, wo die *dona* des Hauses noch selbst am Herd steht und liebevoll nach überlieferten Familienrezepten kocht. Einfach schauen, wo Einheimische sitzen, wo viel geredet und gelacht wird! Übrigens: Vegetariern wurde traditionell gern nur ein Omelett

Alle Adressen in diesem Kapitel findest du auf der Faltkarte 📖

Amêijoas à Bulhão Pato: Venusmuscheln in Knoblauch-Zitronen-Sauce

mit Salat angeboten; heute ist vegetarische und vegane Kost groß im Kommen, Infos über Restaurants findest du auch auf *happycow. net* (*Lisbon* eingeben). Mittagessen *(almoço)* wird in der Regel zwischen 12.30 und 15 Uhr serviert. Abendessen *(jantar)* gibt es ab 20 Uhr, die meisten Gäste kommen allerdings etwa eine Stunde später. Um unter Portugiesen zu speisen, also am besten erst für 21 Uhr reservieren und vorher einen Aperitif auf einer schönen Dachterrasse einnehmen. Das Gedeck *(couvert)* aus Häppchen wie Oliven, Käse, Thunfischpastete, Brot und Butter wird extra berechnet.

WO LISSABON ISST

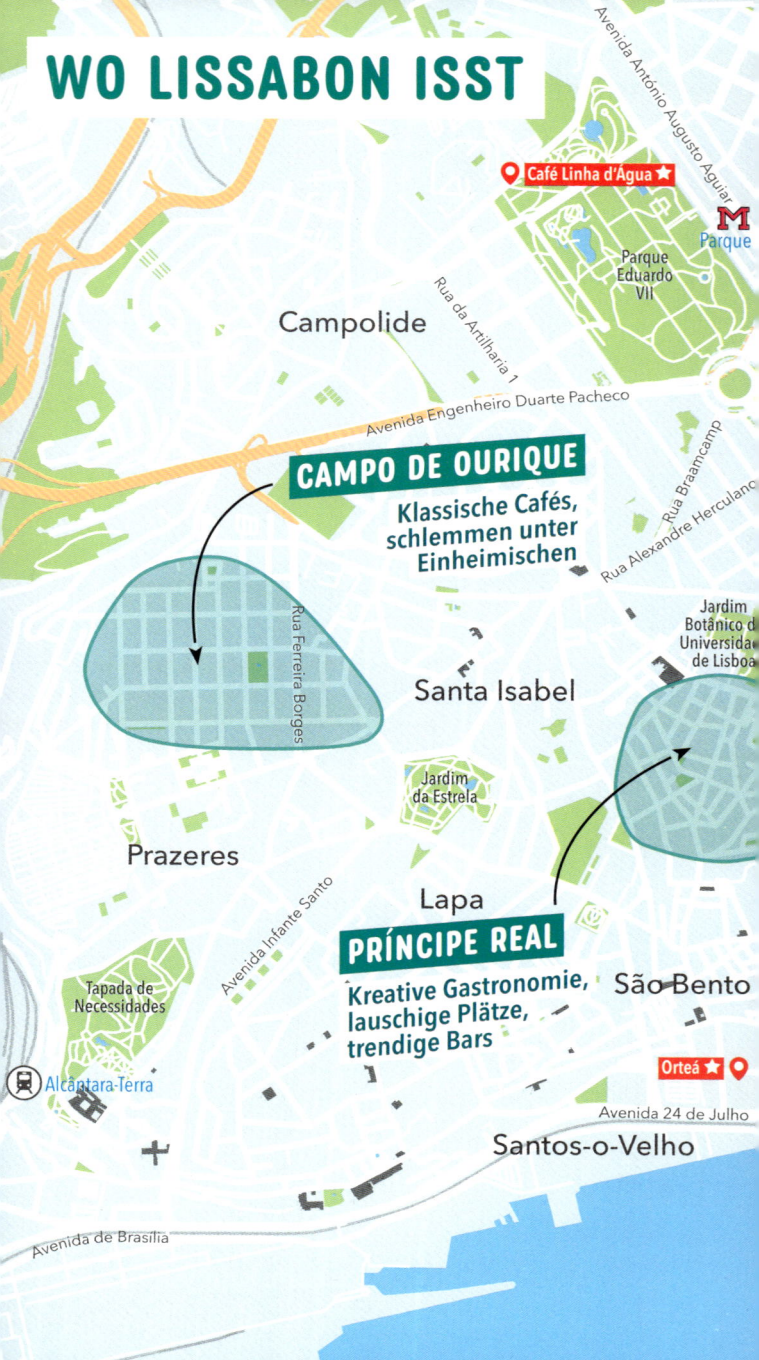

Café Linha d'Água ★

M Parque

Avenida António Augusto Aguiar

Campolide

Parque Eduardo VII

Rua da Artilharia 1

Avenida Engenheiro Duarte Pacheco

Rua Braamcamp

Rua Alexandre Herculano

CAMPO DE OURIQUE

Klassische Cafés, schlemmen unter Einheimischen

Jardim Botânico da Universidade de Lisboa

Rua Ferreira Borges

Santa Isabel

Jardim da Estrela

Prazeres

Avenida Infante Santo

Lapa

São Bento

PRÍNCIPE REAL

Kreative Gastronomie, lauschige Plätze, trendige Bars

Tapada de Necessidades

Alcântara-Terra

Orteá ★

Avenida 24 de Julho

Santos-o-Velho

Avenida de Brasília

MARCO POLO HIGHLIGHTS

★ **ORTEÁ**
Kreative vegane Küche mit Stil im coolen Santos-Viertel ➤ S.74

★ **CAFÉ LINHA D'ÁGUA**
Entspannen unter Lissabonnern – z. B. nach dem Besuch des Kaufhauses nebenan ➤ S.70

★ **PHARMÁCIA**
Draußen Aussicht, drinnen originelle Apotheken-Deko ➤ S.74

★ **ZUNZUM GASTROBAR**
Marlene Vieiras Gastrobar im Schatten der Kreuzfahrtschiffe ➤ S.75

MOURARIA/GRAÇA

Angesagt: traditionell portugiesisch, Weltküche, vegan

São Sebastião da Pedreira

Rua Jacinta Marto

Avenida da Liberdade

Rua da Palma

Jardim da Cerca da Graça

Príncipe Real

🅜 Restauradores

🅜 Rossio

Mouraria

Rua da Prata

Alfama

Zunzum Gastrobar ★ 📍

🅜 **Pharmácia** ★

Rua do Alecrim

Chiado

Avenida Infante Dom Henrique

Lisbon Cruise Port

🅜 Cais do Sodré

Cais do Sodré

Rio Tejo

500 m
547 yd

Nationalgericht ist der Stockfisch *bacalhau*, den die Portugiesen liebevoll ihren „treuen Freund" *(o fiel amigo)* nennen. Mindestens 365 verschiedene Zubereitungsarten soll es für ihn geben. Gut (im Sommer frisch, sonst Tiefkühlware), günstig und allseits beliebt: gebratene Sardinen *(sardinhas assadas)*, die mit grobem Meersalz eingerieben über Holzkohle *(na brasa)* gegrillt werden. Liebhaber von Schalentieren *(mariscos)* kommen in den *marisqueiras* (Meeresfrüchterestaurants) auf ihre Kosten. Die Vielfalt ist beeindruckend, achte aber auf den (Kilo-)Preis. Hummer *(lavagante)* und Langusten *(lagostas)* sind auch in Lissabon nicht billig. Faustregel für authentische Restaurants: handschriftliche Menüs nur auf Portugiesisch, ungemütlich helles Licht, leicht grummeliges Personal und Namen wie *Petisqueira, Tasca, Churrasqueira*.

Fleisch *(carne)* mögen die Portugiesen am liebsten medium gebraten. Lamm *(borrego)* wird viel gegessen. Als Spezialität gilt *porco preto* aus dem Alentejo, ein schwarzes Schwein, das sich von Korkeicheln ernährt. Wer gerne Geflügel isst, sollte das gegrillte Hühnchen *(frango assado)* bestellen, wer's scharf mag, ordert es *piripiri*. Die Nachspeisen *(sobremesas)* sind oft sehr süß: Milchreis *(arroz doce)*, Karamelpudding *(pudim flan)*, Milchcreme *(leite creme)*. Unbedingt sollte man die Spezialitäten der Ex-Kolonien probieren. Es gibt viele brasilianische, indische und afrikanische Restaurants. Spaß haben Weinliebhaber. Ob Rot- *(vinho tinto)* oder Weißwein *(vinho branco)*, die Auswahl ist groß; Portugals Trumpf ist die Vielfalt einheimischer Reben. Eine Flasche *(garrafa)* mittlerer Preislage kostet im Restaurant 12–16 Euro. Hauswein *(vinho da casa)* ist günstiger und in der Regel auch gut. Der spritzige Sommerwein *vinho verde* sollte nur gut gekühlt *(bem fresco)* getrunken werden.

Aktuelle Food-Trends sind gesundes Essen, Fusion Food, italienische Küche, Rohes *(escabeche)* und Mikrobrauereien. Sogar die Veganerfraktion hat Fuß fassen können. Das Airbnb-Konzept hat auch das Essen erfasst: Bei einem Wine Dinner oder einem Pastéis-de-Nata-Workshop z. B. fühlt man sich gleich wie zu Hause und findet neue Freunde. Das Netzwerk *Portuguese Table-Service* (60–80 Euro | portuguesetable.com) bringt abenteuerlustige Hungrige zu den Gastgebern. Keine Angst vor Reinfällen: Alle haben testgekocht, und nach der Gratisregistrierung kannst du Bewertungen deines Gastkochs sehen. Tolle gastronomische Rundumschläge bieten die Food Tours von *Taste of Lisboa* (tasteoflisboa.com) durch die Mouraria und durch Campo de Ourique. Professionell, lecker und garniert mit viel Insiderwissen. Neu: ein kürzerer *Twilight Food & Cultural Walk* zur Aperitif-Stunde *(17.30–20 Uhr)* durch das angesagte Príncipe Real und die Seitensträßchen von Poço dos Negros/Cais do Sodré plus Pop-up-Dinner bei Lissabonnern zu Hause – mitten im Leben!

Super für den Samstagmorgen: der kleine, untouristische Markt *Comida Independente* in Santos: unabhängi-

INSIDER-TIPP
Beim Koch zu Hause

Lissabons Traditions-Vorzeige-Café in Chiado: A Brasileira

ge Produzenten, Snacks, Chutneys, Tiramisu, deutsches Brot *(Facebook: co midaindependente)*.

CAFÉS

1 A BRASILEIRA

Immer noch das berühmteste Café Lissabons, obwohl es kaum noch zu empfehlen ist, weil es von Touristen überlaufen und der Service mäßig freundlich ist. Ihre Bekanntheit verdankt „die Brasilianerin" dem Dichter Fernando Pessoa, der hier gern seinen „Saft" trank: ein Glas Schnaps. Vor dem Café sitzt er nun in Bronze gegossen am Tisch. Spätabends treffen sich Nachtschwärmer zum Espresso; erst um 2 Uhr gehen die Läden runter. *Tgl. | Rua Garrett 120 | Metro (blau/grün) Baixa-Chiado | Chiado | ⊞ b4*

2 ALCÔA

Hier wähnt man sich im süßen Himmel: Die Produzenten der berühmten Klostersüßigkeiten aus Alcobaça unterhalten eine Filiale in Lissabon. Zwischen schönen Azulejos regieren Eier und Zucker: „Himmelsspeck", „Füllhörner", „Eierkastanien"; dazu kommen moderne Interpretationen, u.a. mit Karamellspiralen und Goldstaub gekrönt. Der hervorragende Kaffee und die *doces conventuais* werden ganz portugiesisch im Stehen am Tresen konsumiert. Das Topfoto für Instagram oder Facebook wird vor dem von Kacheln eingefassten Doppelspiegel geschossen. *Tgl. 10–20 Uhr | Rua Garrett 37 | Metro (blau, grün) Baixa-Chiado | Chiado | ⊞ b4*

INSIDER-TIPP
Eyecandy fürs Netz

Gartencafé am See mit Kultcharakter: Café Linha d'Água

3 CAFÉ AMÉLIA

Der Spot für einen eleganten Top-All Day-Brunch unter Einheimischen mit leckeren Pancakes, hausgemachter Himbeerlimonade, Avocado-Toast oder einer ==veganen Flower Power Bowl, mit Rote-Bete-Hummus, essbaren Blumen etc.== Der Laden hat auch sonntags geöffnet und ist ideal, um sich nach dem Besuch des Friedhofs Prazeres oder nach einer Fahrt mit der Tram Nr. 28 wieder zu entspannen. Im Hintergarten gibt's Wärmepilze. *Tgl. ab 8.30 Uhr | Rua Ferreira Borges 101 | ilovenicolau.com | Bus 709, Tram 25, 28E, Haltestelle R. Saraiva de Carvalho | Campo de Ourique | ⸬ J8*

INSIDER-TIPP
Flower-Power-Brunch

4 CAFÉ LINHA D'ÁGUA ★

Oberhalb des Stadtparks Eduardo VII liegt diese entspannte, in Weiß gehaltene Cafetaria mit einer schönen Terrasse im Amália-Rodrigues-Garten, direkt an einem kleinen künstlichen See. Studentisches Publikum, kaum Touristen und Selfservice. Superpraktisch fürs *Corte-Inglés*-Kaufhaus. *Tgl. 9–21 Uhr | Rua Marquês da Fronteira | linhadeagua.pt | Metro (blau) São Sebastião | São Sebastião | ⸬ K6*

5 CAFÉ MARTINHO DA ARCADA

Lissabons ältestes Café wurde 1782 eröffnet. Fernando Pessoa war hier Stammgast und pflegte mit Gedichten zu bezahlen. Auch portugiesische Gerichte – frag unter der Woche mittags nach den günstigen *mini-pratos* (kleine Portionen), die auf der Esplanada und in der Cafetaria serviert werden! *Praça do Comércio 3 | martinhodaarcada.pt | Metro (blau, grün) Baixa-Chiado | Baixa | ⸬ d5*

6 MANTEIGARIA

Wer's nicht nach Belém schafft: Die *pastéis de nata* hier sind genauso gut! Im Geschäft, stilvoll in einem holzge-

Unsere Empfehlung heute

Entradas (Vorspeisen)

COUVERT (GEDECK)
Pão, manteiga, azeitonas, patés
(Brot, Butter, Oliven, Thunfisch-/
Sardellenpaste)

SALADA DE POLVO
Krakensalat mit Zwiebel-Koriander-
Vinaigrette

AMÊIJOAS À BULHÃO PATO
Muscheln in Knoblauch-Zitronen-Sauce

Pratos Principais (Hauptgerichte)

PORCO A ALENTEJANA
Schweinegulasch mit Muscheln

ARROZ DE PATO
Entenreis

FAVAS A MODA DE LISBOA
Saubohnen mit Speck und Wurst

BACALHAU À BRAS
Stockfisch-Gratin

PEIXE DO DIA (TAGESFISCH)
Dourada, Robalo, Salmão
(Dorade, Wolfsbarsch, Lachs)

AÇORDA DE MARISCO
Brotbrei mit Meeresfrüchten

**OMELETTE COM QUEIJO E
SALADA MIXTA**
Käse-Omelett mit gemischtem Salat

Sobremesas (Desserts)

MOUSSE AU CHOCOLAT
Schokoladen-Mousse

FRUTA DA ÉPOCA
Obst der Saison

Bebidas (Getränke)

VINHO DA CASA BRANCO/TINTO
Hauswein, weiß/rot

IMPERIAL
gezapftes Bier

ÁGUA MINERAL COM/SEM GAS
Mineralwasser mit/ohne Sprudel

CAFÉ/BICA
Espresso

CHÃ PRETO/VERDE
Tee, schwarz/grün

täfelten ehemaligen Hemdenladen, kann man zuschauen, wie die portugiesischen Klassiker zubereitet werden. *Tgl. 8–24 Uhr | Rua Augusta 195–7 | Facebook: Manteigaria | Metro (blau, grün) Baixa-Chiado |* Chiado *| ⊞ c3*

❼ PÃO DE CANELA ⚑

Das gemütliche Caférestaurant mit Terrasse hat treue Stammkunden: Künstler, Journalisten, Abgeordnete vom nahen Parlament und die Nachbarschaft aus dem Bairro genießen unter Bäumen das lässige Ambiente. *Tgl. | Praça das Flores 25–29 | Bus 773 Praça das Flores |* Bairro Alto *| ⊞ K–L9*

❽ ÚNICA FÁBRICA PASTÉIS DE BELÉM

Seit 1837 wird hier die berühmteste Süßigkeit Lissabons hergestellt: *pastéis de Belém*, Vanillecremetörtchen (Natas), frisch aus dem Ofen. Nicht durch die Schlangen abschrecken lassen, die sind fürs Takeway; drinnen oder im Hinterhof findet man immer einen Platz! *Tgl. 8–21 Uhr | Rua de Belém 84–92 (nahe dem Hieronymuskloster) | pasteisdebelem.pt | Eléctrico 15 Belém |* Belém *| ⊞ D11*

RESTAURANTS €€€

❾ BAIRRO DO AVILLEZ

Der Darling der Kochszene Lissabons ist José Avillez. Der mit Michelin-Sternen gekrönte Chef hat jetzt sein eigenes „kleines Stadtviertel": mit Snackbar, Restaurant, Gourmetladen. Visuell ist die *Petiscos*-Taberna mit Häppchen vorne der Star, das Preis-Leistungs-Verhältnis ist im Restaurant

allerdings besser. Neu ist das *Encanto* am Opernplatz *(Largo de São Carlos 10):* vegetarisches Fine Dining à la Avillez. *Tgl. 12–0 Uhr | Rua Nova da Trindade 18 | Tel. 2 15 83 02 90 | bairro doavillez.pt | Metro (blau, grün) Baixa-Chiado |* Chiado *| ⊞ a–b3*

❿ FIFTY SECONDS

In 50 Sekunden ist man mit dem Aufzug bei der Michelin-Sterneküche auf 120 m im höchsten Gebäude der Stadt angelangt – daher der Name. Lasst euch vom Degustationsmenü des baskischen Chefs Martin Berasategui verwöhnen – die Kritik ist sich einig: ein Höhenflug der Gastronomie. *Di–Fr 19–22, Sa 12.30–14.30 Uhr | Torre Vasco da Gama, Cais das Naus | Tel. 2 11 52 53 80 | fiftysecondsexperience. com | Metro (rot) Oriente |* Parque das Nações (Expo) *| ⊞ S1*

⓫ RESTAURANTE 100 MANEIRAS

Im Bairro Alto bringt der bosnische Starkoch Ljubomir Stanisic portugiesisch-mediterrane Küche auf den Tisch. Kein à la carte, nur Tasting-Menüs *(ab 160 Euro).* Im nahen Chiado gibt's einen Bistro-Ableger. Wer nicht sparen muss, wählt die Option mit passenden Weinen (Aufpreis 115 Euro). *Tgl. | Rua do Teixeira 35 | Tel. 9 10 91 81 81 | 100maneiras.com | Metro (blau) Restauradores | Metro (grün) Rossio, dann Elevador da Glória |* Rossio *| ⊞ a2*

RESTAURANTS €€

⓬ ATIRA-TE AO RIO

Portugiesische Küche mit kreativem Touch. Wenn die Sonne über Lissabon untergeht, ist's hier am schönsten. Das Restaurant („Stürz dich in den Fluss") liegt auf der anderen Seite des Tejo. Von den Loungesesseln der Terrasse aus lässt sich der Blick auf Lissabon auch nachmittags genießen. *Tgl. 12.30–16, 19–22 Uhr | Cais do Ginjal 67–70 | Tel. 2 12 75 13 80 | atirateaorio.com | Fähre ab Cais do Sodré bis Cacilhas, dann 15 Min. zu Fuß am Kai entlang oder Wassertaxi (Tel. 9 61 66 81 33 | Facebook: rioparanaochorar) | Almada | ▢ 0*

13 INFÂME
Der Geheimtipp fürs Preis-Leistungsverhältnis am Hipster-Platz Intendente: elegant, hohe Fenster, fein ausgeleuchtet. Die Karte ist modern portugiesisch, gesund, mit internationalem Touch: Fisch in Haselnusskruste, Tintenfisch mit Süßkartoffel. Service: sympathisch. *So–Do 12–15, 19–22.30, Fr/Sa bis 23 Uhr | Largo do Intendente/ Pino Manique 6 | Tel. 2 18 80 40 00 | 1908lisboahotel.com | Metro (grün) Intendente | Graça | ▢ N8*

14 JESUS É GOÊS
Kleines, junges, fröhlich in Gelb dekoriertes Lokal mit Gerichten aus der ehemaligen portugiesischen Kolonie Goa. Achtung: Der Chef würzt scharf! Unbedingt reservieren. *Di–Sa 12–15, 19–23 Uhr | Rua de São José 23 | Tel. 9 20 09 18 26 | Facebook: Jesus é Goês | Metro (blau) Avenida/Restauradores | Anjos | ▢ M8*

15 LOOP
„Am Tisch verändern wir die Welt!" Das ist das Motto dieses hellen Lokals nahe der deutschen Botschaft bzw. des Goethe-Instituts, aber fern der ÖPNV-Achsen. Ein guter Anlass, die untouristische Gegend zu erkunden. Fusionsküche mit portugiesischen Zutaten aus regenerativem, biologischem, nachhaltigem Anbau plus Grünes aus dem eigenen Garten der Anti-CO_2-Kämpfer. *Mi–So 9.30–22.30 Uhr | Largo Agostinho da Silva 1 | Tel. 2 10 16 61 46 | looprestaurante.com | Eléctrico 24, Bus 758, 773 Rua da Escola Politécnica | Príncipe Real | ▢ K–L8*

Kein Grund, sich in den Fluss zu stürzen: Atira-te ao Rio

🔟 ORTEÁ ⭐

Das ruhig-coole, begrünte ehemalige *O Botanista* ist der beste Beweis dafür, wie weit veganes Essen in den letzten Jahren gekommen ist, selbst im fisch- und fleischfixierten Lissabon. Die Besitzerin des *Vegan Food Project 26* im Chiado, das portugiesische Klassiker veganisiert, hat sich hier zu kreativen Höhen aufgeschwungen. Toll die schwarzen Spaghetti (Aktivkohle) mit Spargel, Cherrytomaten und getrüffelten Pilzen! Außentische. *Mo–Sa 12–24 Uhr | Rua Dom Luís I 19 | Metro (grün) Cais do Sodré | Bairro Alto | ⚏ L10*

1️⃣7️⃣ PHARMÁCIA ⭐

Wenn die Chefköchin Felicidade (Glück) heißt, ist das ein gutes Zeichen. Das Restaurant im Gebäude des Apothekenmuseums ist in Pharmazie-Optik eingerichtet und serviert ungewöhnliche Tapas, Cocktails und ein Überraschungsmenü. Hübsche, von Heilpflanzen gesäumte Terrasse mit Blick auf den *Miradouro de Santa Catarina*. *Tgl. 12–1 Uhr | Rua Mar. Saldanha 1 | Facebook: Chef Felicidade – Pharmacia | Tel. 2 13 46 21 46 | Metro (blau, grün) Baixa-Chiado | Bairro Alto | ⚏ L9*

1️⃣8️⃣ RAMIRO

Das Ambiente mag nicht besonders cosy sein, aber vor diesem Seafood-Tempel drängelen sich schon früh die Fans. *Di–So 12–0.30 Uhr | Av. Almirante Reis 1H | Tel. 2 18 85 10 24 | cervejariaramiro.pt | Metro (grün) Intendente | Graça | ⚏ N8*

1️⃣9️⃣ TASCA KOME

Edel, authentisch und voller japanischer Gäste ist dieser Japaner, mit der typischen visuellen Perfektion und Spezialitäten aus Osaka. Sake-Cocktails, Sushi, Miso-Suppen, Matchakuchen! *Di–Sa 12–15, 19–22.30 Uhr | Rua Madalena 57 | Tel. 2 11 34 01 17 | Facebook: Kome | Metro (blau) Terreiro do Paço | Baixa | ⚏ d4*

Alte Apotheke: Fürs Essen im „Pharmácia" braucht man kein Rezept

Rustikale Kachelkunst und Hausmannskost: Casa do Alentejo

20 ZUNZUM GASTROBAR ⭐

Das licht und freundlich in Rot und Pink gehaltene Restaurant am Tejoufer serviert originelles Seafood, aber auch Vegetarier bekommen hier was Gutes. Terrasse und sympathischer Service im Schatten des schnittigen Kreuzfahrtterminals. Die ideale Mittagskombi für alle, die an der Uferpromenade unterwegs sind, ist der bunte Salat, serviert in einer Schüssel im 3D-Seeigel-Design, mit leckerem Brot und einem Bier: Gesamtschaden 12 Euro. *Mo–Mi 12–23, Do–Sa 12–24, So 12–17 Uhr | Av. Infante Dom Henrique, Doca Jardim do Tabaco | Tel. 9 15 50 78 70 | zunzum.pt | Metro (blau) Santa Apolónia |* Alfama | ⌑ O9

RESTAURANTS €

21 ASSOCIAÇÃO CABO VERDEANA

SIDER-TIPP
Grooven mit Bohnen

Der Clou bei dem kapverdischen Verein im 8. Stock ist das Tanz-Mittagessen (Do), wo beim Nationalgericht *Cachupa* (Bohnen-Mais-Fleischeintopf) das Tanzbein geschwungen wird. An den restlichen Werktagen gibt's „normales" Mittagessen. *Mo–Fr 12–15 Uhr | Rua Duque de Palmela 2 | Tel. 2 13 53 19 32 | Metro (blau, gelb) Marquês de Pombal |* São Sebastião | ⌑ L7

22 CANTINA CHINESA (MI DAI)

Kleines, einfaches Restaurant im Chinatown der Mouraria. Alles frisch, die Zutaten liegen im Kühltresen ausgestellt: Bambus, Pilze, Lotus, Auberginen, gut mit Schweinefleisch *(carne de porco)* oder vegetarisch mit Sojasauce, Frühlingszwiebeln und schwarzen Bohnen – mit einem Zehner bist du dabei! Auch die Nudelsuppe ist ein Klassiker. *Mo–Sa 9–21, So 11–15 Uhr | Calçada da Mouraria 7 | links an der steilen Straße zw. R. do Bemformoso und R. do Cavaleiro |* Mouraria | ⌑ d1

23 CASA DO ALENTEJO

Die „Botschaft" der Region Alentejo ist mit ihrer neomaurischen und Kacheldeko ein architektonisches Unikum. Hausmannskost in zwei Sälen oben

Da freut sich der/die Brasilianer/in: Im Feel Rio gibt's Pão de Queijo

und in der Tasca mit Innenhof unten. Freier Zutritt zum arabischen Innenhof, zum 1. Stock nur zu Restaurantzeiten: *tgl. 12–15, 19–22 Uhr. Rua Portas de Santo Antão 58 | Tel. 2 13 40 51 40 | casadoalentejo.pt | Metro (blau) Restauradores | Rossio | ◫ b1*

24 DAS FLORES
Eine der alteingesessenen gastronomischen Perlen, die dem Hotelbauboom im Viertel widerstehen konnten. Günstiges Mittagessen und ein Spot für portugiesische Klassiker: Oktopus *a lagareiro*, Stockfisch, Schweinefleisch auf alentejanische Art. *Mo–Sa 12–15, 19–22 Uhr | Rua das Flores 76–78 | Tel. 2 13 42 88 28 | Metro (blau, grün) Baixa-Chiado | Chiado | ◫ a4*

25 FEEL RIO
Die Brasilianer als größte Einwanderergruppe in Portugal wollen natürlich nicht auf ihre Snacks verzichten: ein fluffiges *pastel de vento* („Windteilchen"), *pão de queijo* (Käsebrötchen), Zuckerrohrsaft, Fruchtshakes. *Tgl. 9–22 Uhr | Rua do Cruxifixo 108 | Tel. 2 13 46 06 54 | Facebook | Metro (blau, grün) Baixa-Chiado | Baixa | ◫ c4*

26 FLORESTA DAS ESCADINHAS
Das Grillrestaurant „Wald an den Stüfchen" in der Baixa serviert nur Mittagstisch, aber mit den besten Sardinen der Stadt! *Mo–Sa 12–16 Uhr | Rua de Santa Justa 3 | Tel. 2 18 87 20 52 | Metro (grün) Rossio | Baixa | ◫ d3*

27 THE FOOD TEMPLE
Kleines, vegetarisch-veganes Restaurant. Das Essen ist günstig, und im Sommer fühlt man sich draußen wie in einem Filmset. Reservieren! *Di–So 19.30–23 Uhr | Beco do Jasmim 18 | von der Rua da Mouraria an der Gitarrenstatue in die Rua do Capelão abbiegen, dann rechts | Tel. 2 18 87 43 97 | thefoodtemple.com | Metro (grün) M. Moniz | Mouraria | ◫ d1*

28 FOX COFFEE – O REI DA CACHUPA
Rund um die Praça do Chile an der Metrostation Arroios gab es schon immer kleine untouristische Restaurants. New Kid on the Block ist der „König der Cachupa": Das kapverdische Nationalgericht mit Bohnen und Mais wird hier im Terracotta-Töpfchen serviert – da bleibt's schön heiß. Die Basisversion ist mit Fleisch, originell die

mit Thunfisch, aber auch die vegetarische ist lecker. Außenterrasse. *Mo geschl., So nur bis 17 Uhr | Rua António Pedro 173–177 | Tel. 2 18 01 02 89 | Facebook | Metro (grün) Arroios |* Arroios | 🗺 N6

29 JARDIM DA GRAÇA

Einfache Tasca für Einheimische in der zunehmend touristifizierten Graça. Spezialität: *churrascos* vom Grill. Probier den Oktopusreis oder iscas (geschmorte Leber)! Die Pommes müssen manchmal nachfrittiert werden. *Mo–Fr 8–16, 18–22 Uhr, Sa nur Mittagessen | Bus 734, Electrico 28E, Largo da Graça |* Graça | 🗺 e1

So saftig, so lecker!

30 A LAREIRA

Einen Kamin *(lareira)* gibt's zwar hier gar nicht, und auch nur drei Tische, dafür aber das, was eigentlich alle suchen: leckeres, günstiges, authentisch portugiesisches Essen. Spezialität: *novilho* (Jung- bulle). *Sa-Abend und So geschl. | Rua do Paraiso 104 | Tel. 9 66 52 22 30 | Metro (blau) Santa Apolónia |* Alfama | 🗺 O9

31 MEZZE

Das von einer syrischen Flüchtlingsfamilie geführte freundliche Restaurant an einer trendigen Markthalle hat richtig eingeschlagen. Gute Auswahl für Vegetarier, nicht zuletzt wegen der spektakulären *baba ghanoush* (geröstete Aubergine). *Di–Sa 12.30–15, 19–22.30 Uhr | Mercado de Arroios | mez ze.pt | Metro (grün, rot) Alameda |* Arco do Cego | 🗺 N5

32 MONDAS GASTROBAR

Perle in der Alfama: bunt gemischte Küche, vom Lammeintopf über alentejanische Blutwurst bis zur kapverdischen *cachupa* (So). Cocktails, Livemusik. *Do–Di 15–2 Uhr | Rua São João da Praça 45 | Facebook: Mondas Casa Alentejana | Bus 759 Sul e Suleste, Eléctrico 28 Limoeiro |* Alfama | 🗺 e4

33 A NOVA POMBALINA

In dieser Sandwichbar mit leckeren, frischen Fruchtsäften verpflegen sich die Locals. Spezialität des Hauses: *sande de leitão,* Spanferkelsandwich. *Mo–Sa ab 7.30 Uhr | Rua do Comércio 2 | Metro (blau) Terreiro do Paço |* Baixa | 🗺 c5

Einfach, gut!

34 PETISQUEIRA OURIVES

Dieser ehemalige Juwelierladen an der steilen Straße, auf der die 12-er Tram hochzuckelt, hat das alte Mobiliar beibehalten. In cosy Ambiente kommen leckere Kleinigkeiten auf den Tisch, mit Sympathie für die Veggie-Fraktion. Weine kleiner Weinbauern, gute Cocktails. *Mo–Sa 13–23 Uhr | Calçada de Santo André 18 | Eléctricos 12 Rua dos Lagares |* Mouraria | 🗺 e2

35 SOCIEDADE DA GEOGRAFIA

Zünftiges Mittagessen im gepflegten Ambiente des Museums der Geografischen Gesellschaft. Arabisches Hühnchen, Stockfisch, Entenreis, Saubohnen. *Mo–Fr 13–14.30 Uhr | Rua das Portas de Santo Antão 102 | Tel. 9 35 42 54 01 | socgeografialisboa.pt | Metro (blau) Restauradores, Metro (grün) Rossio |* Rossio | 🗺 b1

SHOPPEN & STÖBERN

Zauberhaft nostalgische Lädchen, an denen die Zeit völlig spurlos vorüberzugehen scheint: In Lissabon gibt es sie noch.
Solche Traditionsgeschäfte erkennt man oft daran, dass Name und Adresse mit schwarzen Pflastersteinen im Gehsteig davor eingelassen sind. Fast immer sind diese Betriebe seit Generationen im Familienbesitz, und die Inhaber sind Meister ihres Metiers. Eile ist hier ein Fremdwort. Selbst wenn es nur um den Kauf eines Knopfes geht, kann das Beratungsgespräch dauern. Ist man sich dann einig, wird die Ware liebevoll und mit Hingabe eingepackt, was auf Portugie-

Autofrei flanieren: Einkaufsstraße Rua Augusta in der Baixa

sisch *embrulhar* heißt. Wahre Fundgruben für Fans solch traditionellen Einkaufens sind z. B. die winzigen Kurzwarengeschäfte entlang der *Rua da Conceição* in der Baixa. Tempo, Tempo heißt es dagegen in den großen Shoppingcentern. Die modernen Konsumtempel an der Peripherie haben sich dem Zeitgeist angepasst: Fastfood und *fast forward* ist hier das Motto. Die traditionellen Geschäfte sind in der Woche von 9 bis 19 Uhr geöffnet, zur Mittagszeit (13–14 Uhr) wird häufig geschlossen. Die Shoppingcenter sind dagegen täglich bis mindestens 23 Uhr offen.

WO LISSABON SHOPPT

MARCO POLO HIGHLIGHTS

★ **CENTRO COMERCIAL VASCO DA GAMA**
Shoppingcenter in Avantgardedesign
➤ S. 83

★ **FÁBRICA SANT'ANNA**
Azulejos, auf Wunsch auch nach Maß
➤ S. 84

★ **A VIDA PORTUGUESA**
Topadresse für Nostalgiker und
Retrodesign-Fans ➤ S. 85

★ **FEIRA DA LADRA**
Ein Flohmarkt zum Stöbern mit viel
Lokalkolorit ➤ S. 85

★ **LX MARKET**
Trendy am Sonntag: Kleidung, Kunsthandwerk, People-Watching ➤ S. 86

★ **ADEGA BELÉM**
Rundumversorgung für Weinliebhaber
➤ S. 89

Campolide

Campo
de Ourique

Rua Ferreira Borges

Jardim
da Estrela

CAMPO DE OURIQUE
Kreative Mode,
Alltagskram, Gourmet-Food

Prazeres

Tapada de
Necessidades

Avenida Infante Santo

🅱 Alcântara-Terra

📍 LX Market ★

Avenida 24 de Julho

📍 Fábrica Sant'Anna (Fabrik) ★   Alcântara

📍 Adega Belém ★

Rua da Junqueira

Avenida da Índia

A2

Centro Comercial Vasco da Gama ★

Rua Morais Soares

Arroios

Avenida da República

Avenida António Augusto Aguiar

Parque Eduardo VII

São Sebastião da Pedreira

Avenida Almirante Reis

PRÍNCIPE REAL
Coole Concept-Stores, ausgefallene Mode, trendige Accessoires

Rua Braamcamp

Avenida da

Jardim Botânico da Universidade de Lisboa

Jardim da Cerca da Graça

Feira da Ladra ★

Ⓜ Avenida

Avenida Liberdade

Ⓜ Restauradores

Mouraria

Alfama

Ⓜ Baixa-Chiado

Fábrica Sant'Anna (Laden) ★

A Vida Portuguesa ★

Avenida Dom Carlos I

Avenida Infate Dom Henrique

Lisbon Cruise Port

Santos-o-Velho

CHIADO
Nobelviertel mit Topmode und der ältesten Buchhandlung der Welt

BAIRRO ALTO
Junges Shopping in hippen Läden: Street- & Sportswear, Design

Rio Tejo

500 m
547 yd

Landestypische Produkte sind Azulejos (Kachelfliesen) und Keramikwaren, Stickereien, Kupfer-, Kork- und Korbarbeiten. Gut als Mitbringsel eignen sich kulinarische Spezialitäten wie Trockenfrüchte, Edelsalz, Honig, Oliven und Wein. Erschwinglich sind auch hochwertige Olivenöle *(azeite)*, die es praktisch an jeder Ecke gibt. Lederwaren sind preiswerter als in Deutschland, ebenso hochwertiger Gold- und Silberschmuck. Die meisten Antiquitätengeschäfte gibt es in der *Rua Dom Pedro V.* und in der *Rua de S. Bento*.

BUCHHANDLUNGEN & ANTIQUARIATE

Zwischen der Rua do Carmo und der Rua Nova do Almada in Baixa-Chiado sowie im Bairro Alto konzentrieren sich die unabhängigen Buchhandlungen. Im Shoppingcenter *Armazéns do Chiado* ist auch das gut bestückte Buch-, Musik- und Elektronikkaufhaus *FNAC* vertreten.

WOHIN ZUERST?

Die meisten Läden findest du in der Unterstadt **Baixa** *(□ M–N 9–10)* (Schuhläden!), im schicken **Chiado** *(□ M9–10)*, an der **Avenida da Liberdade** und der **Avenida de Roma**. Im **Bairro Alto** (Oberstadt) *(□ L9)* gibt es viele Läden mit flippiger Mode, Musik und schrägen Wohnaccessoires – geöffnet häufig erst ab 11, 12 Uhr, dafür oft bis spätnachts.

1 PALAVRA DE VIAJANTE

Wunderbare internationale Reisebuchhandlung – die einzige in Portugal. Besitzerin Ana Coelho scheint die meisten Titel selbst gelesen zu haben. Achtung: ungewöhnliches Mittagspausen-Timing. *Di–Sa 10–14, 15–19 Uhr | Rua São Bento 34 | palavra-de-viajante.pt | Eléctrico 28 Poço dos Negros, Bus 714, Eléctrico 25 Conde Barão, Metro (gelb) Rato | São Bento | □ K9*

2 SÁ DA COSTA

Sehr schön zum Blättern und Stöbern ist dieses zentrale Antiquariat, jetzt neu mit Galerie und Café. Interessante Weine, diverse Snacks, auch vegetarisch – und alles zu fairen Preisen. Hier begegnet man interessanten Menschen, vielleicht sogar mal dem sehr kultivierten Präsidenten der Republik, Marcelo Rebelo de Sousa. *Mo–Sa 10–20 Uhr | Rua Garrett 101/102 | sadacosta.artbox.pt | Metro (grün) Rossio | Chiado | □ b4*

INSIDER-TIPP
Gepflegte Gehirnnahrung

EINKAUFSZENTREN

3 AMOREIRAS SHOPPING CENTER

Die Lissabonner lieben es, zwischen den rund 300 Läden mit Restaurants und Kinos im postmodernen 1980er-Jahre-Hochhauskomplex zu flanieren, gern und mit Vorliebe auch sonntags. Die Miradouro-Rooftop-Aussichtsplattform *(5 Euro | amoreiras360view.com)* bietet einen echten Rundumblick: toll für den Sonnenuntergang! *Tgl. 10–23 Uhr | Av. Engenheiro Duarte Pache-*

co | Metro (gelb) Marquês de Pombal, Rato (von beiden Stationen noch eine gute Strecke zu Fuß) | Bus 711 Amoreiras | *Amoreiras* | ▥ *J7*

4 CENTRO COMERCIAL COLOMBO ☂

Eins der größten Einkaufszentren Europas! Geschäfte, Restaurants, Kinos, Bowling: alles hat seinen (meist recht hohen) Preis. Nur der Garten kostet nichts. *Tgl. 9–24 Uhr | colombo.pt | Metro (blau) Colégio Militar/Luz |* *Benfica* | ▥ *O*

5 CENTRO COMERCIAL VASCO DA GAMA ★ ★ ☂

Wenn schon Mall, dann die! Die moderne Shoppingmall in avantgardistischem Design und mit viel natürlichem Licht liegt am Parque das Nações. Gute Klamottenläden (auch einige wenige portugiesische Marken, etwa im *Ericeira*-Surfshop), Supermarkt, Terrassenbars mit Flussblick, Kinos. *Tgl. 8–24, Läden außer Supermarkt erst ab 10 Uhr | centrovascodagama.pt | Metro (rot) Oriente |* *Parque das Nações* | ▥ *R–S2*

Lichtdurchfluteter Shoppingtempel: Centro Comercial Vasco da Gama

KUNSTHANDWERK & SOUVENIRS

6 APAIXONARTE

Im „Verliebt-in-Kunst"-Laden gibt's urbanes Kunsthandwerk, eine Superauswahl cooler Drucke, Azulejos mit surrealen Motiven – z.B. Totenköpfe, kombiniert mit Sardinen –, crazy Vasen, Notizbücher. Dazu Ausstellungen aktueller portugiesischer Künstler, jeden Monat was Neues. Und Besitzerin Claudia erzählt gern ein bisschen über die Gegend und die aktuelle Szene. *Mo–Fr 11–19, Sa 11–18 Uhr | Rua Poiais de São Bento 57–59 | apaixonarte. com | Eléctrico 28 Rua Poiais de São Bento | Metro (grün) Cais do Sodré |* *São Bento* | ▥ *K9*

7 CORK & CO

Das portugiesische Vorzeigematerial Kork *(cortiça)* ist nicht nur im wahrsten Sinne des Wortes leicht zu transportieren und öko, in den richtigen Händen entstehen daraus auch coole Designobjekte: Originelles und Nützliches wie ein Kubus für Salz oder Tischsets,

Taschen, Schmuck u. v. m. *Mo–Sa 11–19 Uhr | Rua das Salgadeiras 6 | cor kandcompany.pt | Metro (blau, grün) Baixa-Chiado | Chiado | ☐ a3–4*

8 EPAL

Das gute Lissabonner Leitungswasser kann man ohne Bedenken trinken; im Automaten im Foyer des Wasserversorgers der Stadt gibt's die passende Flasche: Die „Fill-Forever-Flasche" in sieben Farben und schönem Design, für den Preis (1,50 Euro) das ideale Mitbringsel für die Ökofraktion daheim. *Mo–Fr 8.30–19.30 Uhr | Av. da Liberdade 24 | epal.pt | Metro (blau) Avenida | Anjos | ☐ M8*

INSIDER-TIPP
Nachhaltig trinken

9 GALERIA BELO-GALSTERER

In dieser sympathischen portugiesisch-deutsch geführten Galerie fühlst du den Puls der aktuellen Kunstszene. Mit ihren gefragten Künstlern, vor allem aus Portugal und dem deutschsprachigen Raum, zusammen mit Künstlern aus Afrika und Australien, findet man hier (fast alles): von der traditionellen Graphitzeichnung und Schwarz-Weiß-Fotografie bis zu Avantgarde-Keramik und Installationen. Am besten vorher kurz durchrufen; wenn die perfekt zweisprachige Besitzerin und Kuratorin Alda Galsterer da ist, erzählt sie auch gern von ihrem anderen Herzensprojekt, dem coolen Kulturzentrum *Carpintarias de São Lázaro* in der Mouraria (S. 95). *Di–Sa 14–19 Uhr | Rua Castilho 71 | belogalsterer.com | Metro (blau) Marquês de Pombal | Rato | ☐ L8*

10 RENOVA

Sexiest WC on Earth: Wer einen Euro rüberschiebt, erkauft sich einen stilvollen Klobesuch mit freier Farbwahl beim Toilettenpapier; die bunten (v. a. schwarzen!) Klorollen der portugiesischen Firma Renova sind ein Designhit. Keine Sorge, das Erforschen des Ladens ist gratis. Supermitbringsel sind die Servietten mit Lissabon-Motiven. *Tgl. 9–21 Uhr | Terreiro do Paço (in den Arkaden der Praça do Comércio) | myrenova.com | Metro (blau) Terreiro do Paço | Baixa | ☐ d5*

INSIDER-TIPP
Stilles Örtchen zum Shoppen

11 FÁBRICA SANT'ANNA ★

Eine der ältesten Keramik- und Azulejomanufakturen der Stadt betreibt einen Laden in der *Rua do Alecrim 95 (☐ a4 | Metro (blau, grün) Baixa-Chiado | Chiado).* In der Fabrik kannst du bei der Herstellung zuschauen (gratis, aber nur nach Anmeldung): *Mo–Fr 10–12.30, 14–18 Uhr | Calçada da Boa-Hora 96 (☐ E11) | Tel. 2 13 63 82 92 | santanna.com.pt | Bus 732 Boa-Hora | Santo Amaro*

12 MADALENA À JANELA

In diesem hellen, ansprechenden Concept Store ist alles made in Portugal: T-Shirts, Sweatshirts, Taschen, Home-Textilien, Kosmetik, Porzellan. Neben den Objekten hängen Porträts der Designer/innen mit ihrer Vita. Die Besitzerinnen sind zwei Französinnen, Reflex der französischen Passion für Lisbonne. Der Name des Ladens ist ein Wortspiel mit dem berühmten portugiesischen Volkslied „Mädchen

Im Schnäppchenfieber – doch auch auf dem „Markt der Diebin" hat die Ware ihren Preis

am Fenster" *(Menina à Janela). Tgl. 10–19.30 Uhr | Rua da Madalena 140 | Facebook: Madalena à Janela | Metro (blau, grün) Baixa-Chiado, dann Elevador do Castelo | Baixa | ⊞ d3*

13 A VIDA PORTUGUESA ★

Für alle, die gerne stöbern: Die Läden des „Portugiesischen Lebens" bieten ein buntes Sortiment traditioneller Haushaltswaren, außerdem Schreibwaren, Kosmetik und Lebensmittel: Olivenöl-Probiersets, Portweinschokolade, Tee von den Azoren, Medronho-Erdbeerbaum-Essig, Flor de Sal etc. Alles ist *made in Portugal.* Das Mutterhaus ist im Chiado, eine Filiale am hippen Intendente-Platz *(⊞ N8),* und 2022 eröffnete das Satellitenprojekt *Depozito (Mi–Sa 10–19 Uhr | Rua Nova do Desterro 21 | Intendente/Anjos | ⊞ M8)* in einer alten Schmelzhütte als Showcase. *Mo–Sa 10–20, So 11–20 Uhr | Rua Anchieta 11 | avidaportuguesa.com | Metro (blau, grün) Baixa-Chiado | Chiado | ⊞ b4*

14 ZAZULÉ

Bisschen gimmicky? Egal! Das Motto ist „Dein Foto auf einem Azulejo", eine gelungene Verbindung zwischen lusitanischer Tradition und Sentimental-Souvenir. Reich dein Foto ein (per USB-Stick, Whatsapp, E-Mail), und eine Viertelstunde später hast du deine Fotokachel in der Hand, Kostenpunkt 7–29 Euro, plus 18 Euro für eine Standardfliese. *Tgl. 10–19 Uhr | Rua Áurea 176 | zazuletiles.com | Metro (grün, blau) Baixa-Chiado | Baixa | ⊞ c3*

MÄRKTE

15 FEIRA DA LADRA ★

Dienstags und samstags (9–16 Uhr) findet auf dem *Campo de Santa Clara* links hinter der Kirche *São Vicente* die *Feira da Ladra,* der „Markt der Diebin", statt. Er wird so genannt, weil hier einst Diebesbeute verhökert wurde. Heute ist es ein normaler Flohmarkt mit vielen Dingen, die sonst auf dem Sperrmüll gelandet wären. Mach dir aber besser nicht zu große Hoffnungen: Die Berufshändler kennen die Preise genau! Immer mehr coole Gastronomie siedelt sich rundherum an: ein Milchkaffee im Jardim de Santa Clara ist entspannend, es gibt frische Focaccias u. v. m. *Eléctrico 28 Voz Operário* | *Alfama* | ⌑ *O8–9*

16 LX MARKET ★

Hier shoppen die Hipster: viel Schmuck, Klamotten aus erster und zweiter Hand, urbanes Kunsthandwerk u.v.m., drinnen und/oder draußen. Der Sonntagsmarkt ist die ideale Gelegenheit, die ganze Bandbreite der *LX Factory* (s. S. 99) zu erleben, sich ein Lissabonner Design-Unikat zu besorgen und *People Watching* zu betreiben. *So 10–18 Uhr* | *Rua Rodrigues de Fária 103* | *LX Factory* | *lxmarket. com* | *Eléctrico 15 Calvário* | *Bus 714 Calvário* | *Alcântara* | ⌑ *G10*

17 MERCADO CAMPO DE OURIQUE

Beliebt, belebt und bestens sortiert: vor allem Obst, Gemüse, Fleisch und Fisch in restauriertem Art-déco-Ambiente der 1930er-Jahre. In der *pastelaria* an der Ecke *(Rua Coelho da Rocha 99)* wird der clever vermarktete „beste Schokoladenkuchen der Welt" hergestellt, mit Bitter- oder Milchschokolade. Schön mit einem Besuch der *Casa Fernando Pessoa* (s. S. 23) zu verbinden. *So–Do 10–23, Fr/Sa 10–1 Uhr* |

Rua Coelho da Rocha | *Eléctrico 25, 28 Rua Saraiva Carvalho* | *Bus 709 Rua Saraiva Carvalho* | *Campo de Ourique* | ⌑ *H–J8*

18 TIME OUT MERCADO DA RIBEIRA ☂

In der großen, überkuppelten, restaurierten Markthalle aus dem Jahr 1902 wird der Obst- und Gemüseverkauf von „Abordnungen" verschiedener (Top-)Restaurants flankiert. Die Lissabonner lieben es, sich an den langen Tischen durch ihre hippe Gastroszene zu probieren; ein guter Anlaufpunkt mit wechselnden Tagesgerichten ist *Marlene Vieiras* Stand. Ach ja: Lebensmittel in Form von Konserven, Marmeladen, Schokokuchen & Co. können auch zum Mitnehmen gekauft werden. Der Laden *Toranja* hat Lissabon-thematische Souvenirs wie Nuno Mertinhos Taschen und Postkarten in knallbunter Grafik. Ruhiger sitzt man draußen. Der Markt wird langsam zu einem allumfassenden Konzept ausgeweitet. Bei Workshops und Show-Cooking kommt man schnell in Kontakt mit Einheimischen. *So–Mi 10–0, Do–Sa 10–2 Uhr, Frischemarkt Mo–Sa 6–14 Uhr* | *Av. 24 de Julho* | *timeout. com* | *Metro (grün) Cais do Sodré* | *Santa Catarina* | ⌑ *L10*

MODE & ACCESSOIRES

Die Haupteinkaufsviertel sind *Baixa* und das schickere *Chiado*, jetzt auch *Príncipe Real* mit seinen Concept Stores. Internationale Designer haben sich vor allem in der *Avenida da Liberdade* angesiedelt, Club- und Street-

Angesagter Hotspot für den kleinen Hunger: Time Out Mercado da Ribeira

wear findet ihr im *Bairro Alto*. Alles über portugiesische Topdesigner: *mo dalisboa.pt*

19 B. SIMPLE
Minimalistische Designklamotten aus Portugal für die Frau von morgen in zeitlosen Farben. Klasse Jumpsuit-Einteiler! Die Besitzerinnen engagieren sich mit Charity-Aktionen für benachteiligte Frauen. *Di–Fr 11–14.30, 15.30–19, Sa 10–18 Uhr | Rua Saraiva Carvalho 179A | bsimple.pt | Estrela | ▥ J9*

20 A FÁBRICA DOS CHAPEUS
Gut behütet durch die Stadt mit diesen handgemachten Modellen *Made in Lisbon*: traditionelle Schirmkäppis, breitkrempige Strohhüte, knautschbare Baumwollmodelle, Turban- und Wickeltücher und vieles mehr. Hutmuf-

fel finden in der Straße viele andere originelle Shops. *Mo–Sa 11–20 Uhr | Rua da Rosa 118 | afabricadoschapeus. com | Metro (blau, grün) Baixa-Chiado | Bairro Alto | ▥ L9*

21 LOJA DA BUREL
Der alte Filz? Nicht hier! Unwiderstehliche Teile aus dichtem Burel-Wollfilz, knallbunte Tops mit originellem Schnitt, mummelige Jacken, Rucksäcke mit schnuffeligen integrierten Kapuzen und Taschen, hergestellt in den portugiesischen Bergen. Nicht billig, aber was fürs Leben. In die knallbunten Designerkissen und -decken kuschelt man sich auch gern rein. *Mo–Sa 10–20, So 11–19 Uhr | Rua Serpa Pinto 15B–17A | burelfactory.com | Metro (blau, grün) Baixa-Chiado | Chiado | ▥ b4*

22 LUVARIA ULÍSSES

In diesen Liliputladen musst du unbedingt mal reinschauen! Den Handschuhen aus buntem Leder sieht man schon an, wie weich sie sind. Und sie kosten nur halb so viel wie die von Roeckl & Co. *Rua do Carmo 87 | luvaria ulisses.com | Metro (grün) Rossio | Chiado | ⊞ b3*

23 OVERCUBE

Minimalistisch gestylter Schuhladen an der Elite-Shoppingmeile. Hier gibt es zwei Kultmarken zu kaufen: *As Portuguesas* („Die Portugiesinnen"), Flipflops und wirklich stylishe Filz-Hausschuhe in leuchtenden Farben, alles mit nachhaltigem Kork im Materialmix. Und die klassischen Keilabsatz-Schuhe von *Fly London,* die internationale Erfolge feiern und sich hervorragend eignen für das stilvolle Treten der rutschigen Lissabonner Pflastersteine, die schon viele Pfennigabsätze gekillt haben. *Mo–Sa 10–20, So 11–18 Uhr | Av. da Liberdade 49A | Metro (blau) Restauradores | Rossio | ⊞ a1*

24 STORYTAILORS

In dem kleinen, feinen Laden regieren die Asymmetrie und der Kontrast – da toppt ein simples weißes T-Shirt einen ausladenden Tüllrock, laufen Reissverschlüsse in alle Richtungen, erzählt die Mode Geschichten. *Di–Sa 11–19 Uhr | Calçada do Ferragial 8 | storytailors.pt | Metro (blau, grün) Baixa-Chiado | Chiado | ⊞ b5*

25 CLAUDIA CHAVES

Die portugiesisch-brasilianische Schmuckdesignerin verkauft in ihrem Ladenatelier nahe der Kathedrale hübsche Korkringe und -armreifen, originellen, preiswerten zeitgenössischen Schmuck mit portugiesischen Motiven (z.B. Azulejos und Sardinen), schlanke Kettchen. Schöne Mitbring-

Traditionsgeschäft: In der Luvaria Ulísses gibt's Handschuhe nach Maß

sel. *Mo–Sa 11–18 Uhr | Rua da Padaria 39 | claudia-chaves-atelier.com | Eléctrico 12, 28, Bus 737 Sé |* Sé *| 🗺 d4*

26 LINHA AÉREA

Fundgrube für Accessoires-Junkies mit schmalem Geldbeutel: ausgefallener Modeschmuck, Retrosonnenbrillen, Haarspangen aus den 1940er-Jahren, Zehenringe und Piercings ... *Mo–Sa 10–19, im Dez. auch So | Calçada do Carmo 32 | linha aerea.pt | Metro (grün) Rossio |* Chiado *| 🗺 b3*

WEIN & OLIVENÖL

27 ADEGA BELÉM ★

Lissabonner Wein, echt jetzt? Catarina aus Carcavelos und David aus Offenbach eröffneten ihre Urban Winery einen Tag vor dem Lockdown 2020. Heute ist der Familienbetrieb dieser leidenschaftlichen Weinmacher ein absoluter Geheimtipp, ihre Weine gewinnen Preise. Weinkeller-Touren mit fünf Weinen *(Di, Fr, Sa 11–13 Uhr)* kosten 25 Euro. Fragt vorher an: Wenn David da ist, kann die Tour auf Deutsch laufen. Zu den edlen Tröpfchen passen die superleckeren hausgemachten *petiscos* (Snacks). Und: Im Herbst sind Helfer bei der Weinlese willkommen! *Di–Fr 14–16, Di, Fr/Sa auch 11–13 Uhr | Travessa Paulo Jorge 8–9 | adegabelem.com | Eléctrico 15 (Altinho, MAAT) |* Belém *| 🗺 E11*

28 MARIA PALATO

Rui und Sofia aus Nordportugal verkaufen (und servieren) hier ungewöhnliche Weine unabhängiger Winzer, feine Konserven und Kekse, leckere Snacks – alles in Top-Qualität. *Mo–Mi 10–21, Do–Sa 10–23, So 12–21 Uhr | Rua da Madalena 120 | mariapalato.pt | Metro (blau, grün) Baixa-Chiado, dann Fahrstuhl Elevador do Castelo |* Baixa *| 🗺 d3*

29 NAPOLEÃO

Ein Klassiker unter den Weinläden der Baixa mit freundlichem Service. Einfach reinschneien, um ein Gläschen zu probieren. Man bekommt Antworten auf Fragen wie: Was ist das Grüne am Vinho Verde? André an der Kasse spricht ein bisschen Deutsch. Gute Auswahl an kleineren Probiergrößen gängiger Tropfen. Unter euren Füßen sind die Überreste einer römischen Fischsaucenproduktion aus dem 5. Jh. zu sehen. *Mo–Sa 9.30–20, So 15–19 Uhr | Rua Fanqueiros 70 | napoleao.co.pt | Metro (blau, grün) Baixa-Chiado |* Baixa *| 🗺 d4*

30 PORTOLOGIA

Früher war das mal eine Wursthandlung, heute warten 200 Portweine kleiner Produzenten im kuscheligen Laden drauf, zur Probe aufgefordert zu werden. Ob Ruby, Tawny oder Weiß, ob Basic-Tasting oder teure Stöffchen, den Sommeliers Nuno und Diogo merkt man die Leidenschaft für die Sache an. Und wer mal einen 40-jährigen Götternektar aus dem Douro-Tal geschlürft hat, weiß, was flüssiges Glück ist. Nur nicht mit Rucksack an die Regale stoßen: Hier stehen 500-Euro-Flaschen prekär nah am Rand! *Tgl. 11–21 Uhr | Rua de São Julião 34 | portologia.com | Tram 28E, Metro (blau, grün) Baixa-Chiado |* Baixa *| 🗺 d4*

AUSGEHEN & FEIERN

Lissabon hat Auswahl: gemütliche Fadolokale, Livemusikbars mit afrikanischen oder brasilianischen Rhythmen, plüschige Pubs, schicke Nachtclubs und Diskotheken.

Im Ausgehviertel *Bairro Alto* geht die Party frühestens gegen 21.30 Uhr los. Man zieht von Bar zu Bar, trifft alte Freunde und lernt neue kennen. Zur Trendmeile ab 2 Uhr hat sich der untere Nachbar- und Hafenbezirk *Cais do Sodré* entwickelt. Die Action zentriert sich um die „rosa Straße" – mit pink gestrichenem Boden! – *Rua Nova de Carvalho*, mit originellen Restaurants. Auch um den *Largo São Paulo*

Der Blick macht's: Rooftop-Bar im Bairro Alto

gibt es immer mehr Angebote. Reißenden Absatz haben die Snacks der *Padaria de São Roque* (Bäckerei) in der *Rua da Rosa 186,* die gegen 1 Uhr mit der Arbeit beginnt. Bald startet dann der Exodus runter zum *Cais do Sodré,* Richtung Bahnhof Santa Apolónia zum klassischen Szenetreffpunkt *Lux,* zur *Avenida 24 Julho* oder den *Docas (Doca de Santo Amaro* und *Doca de Alcântara),* eine touristische, auch tagsüber beliebte Open-Air-Restaurant- und Barmeile am Tejo. Zwischen den Hotspots verkehren an Wochenenden und vor Feiertagen nachts Gratis-Shuttlebusse (Night Bus).

WO LISSABON AUSGEHT

PRÍNCIPE REAL

Edle Weinbars neben Rock- und Drag-Clubs: Hier feiert (nicht nur) die LGBT-Community

Avenida da Liberdade

Avenida Pedro Álvares Cabral

Rua da Escola Politécnica

Jardim Botânico da Universidade de Lisboa

Restauradores

Calçada da Estrela

Rua da Misericórdia

Baixa-Chiado

Avenida Dom Carlos I

Rua do Alecrim

Chiado

Musicbox

Avenida 24 de Julho

Santos-o-Velho

B.Leza

Cais do Sodré

CAIS DO SODRÉ

Nachteulen-Mekka mit Late-Night-Bars, Underground-Musik, Vintage-Clubs, Irish Pubs

500 m
547 yd

BAIRRO ALTO

Partystimmung im klassischen Kneipendistrikt mit (Tanz-)Bars, sympathischen Restaurants und Fadolokalen

ALFAMA

Romantische Gassen führen zu gemütlichen Lokalen und Fadokneipen

Avenida Almirante Reis

Ⓜ Intendente

Fábrica Braço de Prata ★ ○

Penha de França

Avenida Mouzinho de Albuquerque

Jardim da Cerca da Graça

Mouraria

🚈 Santa Apolónia

○ Mesa de Frades ★

Alfama

Rua da Prata

Lisbon Cruise Port

Ⓜ Terreiro do Paço

Rio Tejo

MARCO POLO HIGHLIGHTS

★ **MESA DE FRADES**
Fado zwischen Azulejos, vom Boden bis zur Decke ➤ S. 98

★ **MUSICBOX**
Konzerte von Avantgarde bis Mainstream ➤ S. 101

★ **B.LEZA**
Kreolische Klänge und Sympathie ➤ S. 96

★ **FÁBRICA BRAÇO DE PRATA**
Breites Programm, breites Spektrum von Lissabonnern ➤ S. 99

Rock-/Popkonzerte und Opern gibt es im *Coliseu (Rua das Portas de Santo Antão 96 | coliseulisboa.com)* und in der *Altice-Arena (arena.altice.pt)* im Parque das Nações. Einen Veranstaltungsüberblick bieten das Heftchen *Follow me* und die (portugiesische) *Agenda LX* und deren Online-Versionen. Karten für Events bekommst du am *ABEP*-Kiosk am Restauradores, bei *Fnac* im Chiado-Einkaufszentrum und online: *ticketline.sapo.pt*.

BARS

Eine charmante Mini-Partymeile in der Mouraria ist die *Rua São Cristóvão (口 d2–3)* – mit einer Fado-Tasquinha, Straßenkunst, einem improvisierten Samba-Spot, einem afrikanischen Restaurant und einem Nischenlokal, das Ginginha-Kischlikör ausschenkt. Und alles mit nachbarschaftlichen Vibes.

■ CASA INDEPENDENTE

Wo sich noch vor gut zehn Jahren Dealer und Prostituierte gute Nacht sag-

WOHIN ZUERST?

Klassisches Ausgehviertel ist das **Bairro Alto** *(口 L9)*. Später in der Nacht verlagert sich das Geschehen zum **Cais do Sodré** *(口 L–M10)* am Tejo und westlich an die **Docas** (Hafenbecken) **de Alcântara** und **de Santo Amaro**. Der Stadtteil **Santos** *(口 K9–10)*, rund um die Avenida D. Carlos I., ist ein U18-Kiez mit günstigeren Restaurants, Bars und Clubs.

ten, ist das Café-Bar-Kultur-Zentrum ein gutes Beispiel für die gelungene Sanierung des *Largo do Intendente*. Diskreter Eingang, die Treppe hoch geht's zu *alternative vibes*. Die coolen Konzerte beginnen spät, wie meist in Lissabon. Die Innenterrasse ist pflanzenumringt. Hausgemachte Säfte. Nachbarn sind das nette Café *Josefina*, eine Installation der Pop-Art-Künstlerin Joana Vasconcelos, das Souvenir-Empire *A Vida Portuguesa* und die historische Azulejo-Fabrik *Viúva Lamego* mit fotogener Fassade. *Di–Fr 14–23, Sa 14–2 Uhr | Largo do Intendente 45 | casaindependente.com | Metro (grün) Intendente | Graça | 口 N8*

■ CLUBE FERROVIÁRIO

Blick über den Tejo, mit einem Hauch Containercharme des östlichen Stadtgebiets – und das ist nicht negativ gemeint! DJs, (Tanz-)Events, Sa/So 10–15 Uhr Brunch. *Mo–Do 18–24, Fr/Sa, 18–3, So 10–24 Uhr | Rua de Santa Apolónio 59 | grupochamp.pt | Metro (blau) Santa Apolónia | Santa Apolónia | 口 P8*

■ DAMAS

Der coolste Alternativort in Graça: Restaurant, Konzerte und Events. *Rua da Voz do Operário 60 | Facebook: Damas Lisbon | Eléctrico 28, Bus 734, Voz do Operário | Graça | 口 f1*

■ GRAÇA DO VINHO

Kuschelige Nachbarschafts-Weinbar mit hohem Locals-Faktor, die man leicht übersehen kann beim Sprint hoch zu den Miradouros. Die Weine sind „schlent" (so spricht der Portugiese *excelente* aus). Zum Wein der Woche für 2,50 Euro passt ein duftender Käse von der Theke – probier mal den aromatischen Azeitão, bei dem man den Deckel absägt und den weichen Inhalt auslöffelt. *Mo–Sa 11–24 Uhr | Calçada da Graça 10 A/B | Tel. 2 10 11 80 41 | Facebook: GraçadoVinhoLx | Eléctrico 28 Largo da Graça | Bus 734 Largo da Graça | Graça | ⊞ e2*

5 LX BREWERY

In der untouristischen Mikrobrauerei probierst du dich durch 6 Zapf- und 10 Flaschenbiere. Bei den bunten Flaschenetiketten mit Lissabonner Sehenswürdigkeiten trinkt das Auge mit. Snacks, Tischfußball, Sportübertragungen. Beim eintägigen Bier-Workshop (85 Euro) braust du dir deine eigene *cerveja*, 20 Liter in 0,33l-Flaschen (werden auch verschickt). Mindestens einen Tag vorher anmelden. *Mo–Mi 9–20, Do/Fr 9–23 Uhr | Rua Funchal 5/Rua Ilha Terceira 42D | lxbrewery.com | Metro (gelb, rot) Saldanha (Ausgang Arco do Cego am nächsten, paar Minuten zu Fuß) | Estefânia | ⊞ M5–6*

INSIDER-TIPP
Braumeister in da House!

Open Air mit Hafenflair: Clube Ferroviário

6 MIRADOURO DO BAIXO (CARPINTARIAS DE SÃO LÁZARO)

Einer der neuesten Panorama-Rooftops mit 180-Grad-Blick über die Stadthügel ist noch relativ unbekannt. Vielleicht auch, weil niemand den diskreten Aufgang zwischen einem besetzten, graffitigeschmückten Haus und dem coolen Kunst-Space in einer ehemaligen Schreinerei mit Art-déco-Fassade findet. *Tgl. 18–24 Uhr | Rua de São Lázaro 72 | carpintariasdesaolazaro.pt | Metro (grün) Martim Moniz | Mouraria | ⊞ M–N8*

7 TABACARIA

In der kleinen, holzgetäfelten Bar in einem ehemaligen Tabakladen (mit der alten Deko!) und dem netten Personal fühlt man sich gleich zu Hause. *Tgl. 18–2 Uhr | Rua de S. Paulo 75–77 | Metro (grün) Cais do Sodré | Santa Catarina | ⊞ L10*

8 TEATRO DA GARAGEM (TABORDA)

Ohje, das ist einer dieser Geheimtipps, die man nur ungern preisgibt: Die gemütliche Bar im Theater *Taborda* ist perfekt für einen romantischen Aperitivo: <mark>mit Tischen aus alten Holztüren, beschirmt von einer Lampengalerie, und mit fabulöser Panoramasicht.</mark> Snacks, Salate, Kuchen. *Tgl. 14–23 Uhr | Rua da Costa do Castelo 75 | teatrodagaragem.com | Eléctrico 12, 28 | Mouraria | ⊞ e2*

🔟 ULYSSES

Wie passen nur all diese Cocktails in diese Winzbar rein? Kuscheliges Speakeasy in der Alfama zum Vorglühen oder zum stilvollen Absacken. Aber Achtung: Dieser Luxus-Cocktail-Spot funktioniert nur mit Reservierung *(cocktails@UlyssesLisbon.com | Whats App +351 927 69 66 84)* mit mindestens einem Tag Vorlauf! Dafür kannst du dann mit Bitcoin zahlen … *Tgl., nur abends | Rua da Regeira 16A | Facebook: Ulysses Lisbon | Metro*

(blau) Santa Apolónia | Santa Apolónia | ⊞ f3

CLUBS

Die beste Infoquelle für Clubber ist *viralagenda.com*. Eine aktive Facebook-Gruppe für die Dance-Fraktion ist *Lisbon Party People*.

🔟 B.LEZA ⭐

In dem pinkfarbenen Gebäude am Fluss trifft sich die afrikanische Community zu Kizomba, Zouk & Co., Livemusik und DJs; Damen werden unkompliziert aufgefordert. So 19 Uhr Workshop Kizomba/Tarraxinha (5 Euro), ab 20 Uhr Livemusik. *Fr/Sa 22.30–2, So 19–2 Uhr | 10 Euro Verzehr | Cais Gás 1 (Armazém B), Ecke Rua da Cintura do Porto de Lisboa | Facebook: BlezaClube | Metro (grün) Cais do Sodré | Santa Catarina | ⊞ L10*

Wenn's mit dem Türsteher klappt: feiern im Lux, dem teuersten Club der Stadt

🔢 LUX

Der ehemals beste Club der Stadt hat sich leider zu einem elitären Laden mit willkürlicher Einlasspolitik entwickelt. Ausländischen Besuchern wird oft 300 Euro Mindestverzehr auferlegt. Wer's trotzdem wagt: In der Lounge im 1. Stock ist unterhalten gerade noch möglich, im Untergeschoss: mindestens 120 *beats per minute*. Sahnehäubchen ist die riesige Dachterrasse mit Blick über Altstadt und Tejo. Konzerte neuester Dancefloor-Bands donnerstags, wo man der nervigen Wochenend-Gesichtskontrolle entgeht. *Do–Sa 23–6 Uhr | Av. Infante Dom Henrique 6f | Cais da Pedra, ggü. dem Bahnhof Santa Apolónia | luxfragil.com | Metro (blau) Santa Apolónia | Santa Apolónia | ⌁ P9*

**INSIDER-TIPP
Zugang zur heiligen Halle**

🔢 TITANIC SUR MER

Angesagter, alternativer Spot für Livemusik, Kabarett und Undergroundevents in einem ehemaligen Fischauktionshaus, mit niedrigen Getränkepreisen und ohne Allüren. Mo Jazzjam mit freiem Eintritt, Mi kannst du den megaangesagten brasilianischen Forró-Tanz lernen. *Tgl., Zeiten s. Facebook | Cais da Ribeira Nova/Cais do Sodré | Facebook: Titanicsurmer | Metro (grün) Cais do Sodré | Santa Catarina | ⌁ L10*

🔢 TRUMPS

Der Platzhirsch im gay-freundlichen Viertel Príncipe Real, aber offen auch für Heteros. Drag-Show, die selbst Veteranen erblassen lässt, und Club. *Mi/Do 23.45–5, Fr/Sa bis 6 Uhr | Rua da Imprensa Nacional 104b | Tel. 9 15 93 82 66 | trumps.pt | Metro (gelb) Rato | Rato | ⌁ K8*

FADO

📌 Man muss das realistisch sehen: echten Fado zu erleben ist Glückssache. Viele Fadolokale sind auf Touristen zugeschnitten und bieten professionellen Fado. In der Regel zahlt man keinen Eintritt, dafür sind Essen und Trinken wesentlich teurer als in normalen Restaurants. 45 Euro pro Nase ist ein Mittelwert. Die Rettung: kein Verzehrzwang, wenn man spät (frühestens ab 23 Uhr) kommt. Eine Flasche Wein kostet mindestens 20 Euro. Achte auf Schilder, die *Fado vadio* ankündigen: Bei diesem Amateurfado singt, wer will.

„Untouristischen" Fado gibt's also in den Restaurants selten. Ein Trick ist die Uhrzeit. Wenn die Touristen schon vom Tisch aufstehen, geht die *Fado Night Tour* durch drei Fadolokale in der Alfama erst los *(Mi–Sa 22–0.30 Uhr | ab 30 Euro ohne Getränke | im Winter Buchung einen Tag vorher, sonst bis spätestens 16 Uhr am Tourtag | fadonighttour.com | Gruppe bis 4 Pers., Treffpunkt am Museu do Fado, s. S. 33).* Tipp: Check die monatliche *Agenda Cultural Lisboa* (Papier oder online) und schau in der Música-Rubrik nach „Real Fado – Fado Autentico em locais surpreendentes", an überraschenden Orten also, wie im Wasserwerk oder in Shopping-Hotspots. Ansonsten: Augen auf für Plaka-

**INSIDER-TIPP
Fado-Crashkurs**

te, die „Grande Gala do Fado", „Fado Solidário" oder Ähnliches bewerben.

14 O CORRIDO

Fado muss nicht immer trist sein, *fado corrido* ist eine fröhlichere Volksversion. Dieses kleine, sympathische Fadorestaurant einen Schalwurf von Amália Rodrigues' letzter Ruhestätte im National-Pantheon pflegt die Tradition in originellem Ambiente. Die 42 Euro für die Menü-Show sind hier auf jeden Fall gut angelegt! *Di–Do 19.45–22.30, Fr/Sa 19.45–24, So 19.45–23.30 Uhr | Campo de Santa Clara 49 | ocorrido. com | Metro (blau) Santa Apolónia | Alfama | ▥ O9*

15 MARIA DA MOURARIA

Das Fadolokal unter Leitung von Fadosänger Helder Moutinho liegt in dem Haus, in dem die berühmte Fadista des 19. Jhs., Maria da Sevéra, einst lebte – und wo sie auch früh und tragisch starb. Das Essen ist gut, aber die aktuellen Preise hätte sich die Gute nie leisten können. Menü, das keine Wünsche offen lässt, inkl. Welcome Drink: 55 Euro. *Mi–So 20–23 Uhr | Largo da Severa 2 | Rua do Capelão: von der Rua da Mouraria aus die Straße mit der Gitarrenstatue hoch | mariadamouraria.pt | Mouraria | ▥ d1*

16 MESA DE FRADES ★

Die fotogene Fadotaverne in einer kachelausgekleideten ehemaligen Kapelle hat ihren Preis: Pflichtmenü (auch vegetarisch): 60 Euro. Der Fado beginnt oft spät. Reservieren! *Mo–Sa 20–2 Uhr | Rua dos Remédios 139a | Tel. 9 17 02 94 36 | Facebook: Mesa de Frades | Metro (blau) Santa Apolónia | Alfama | ▥ O9*

17 A NINI

Ninis Fadostammtisch am Donnerstag ist wohl die authentischste Fadoerfahrung, die man in Lissabon machen kann: praktisch nur Portugiesen, die Sänger im Sonntagsstaat, traditionelle Küche, familiäre Atmosphäre. *Do ab 21 Uhr (reservieren!) | Rua Dom Francisco Manuel de Melo 1 | Tel. 2 13 87 00 41 | Tel. 9 60 07 12 51 | Bus 12 Artilharia Um/ Rua D. Francisco M. Melo | São Sebastião | ▥ K6*

INSIDER-TIPP
Fado für Eingeweihte

18 TASCA DO JAIME GRAÇA

Mischt euch Sa/So spätnachmittags zwischen die Rentner und Hobbyfadistas des *fado vadío* in der Graça. *Di–So 9–20 Uhr | Rua da Graça 91 | Eléctrico 28 Rua Graça | Graça | ▥ N8*

KINOS

Ausländische Filme laufen im Original mit portugiesischen Untertiteln, Blockbuster in den Kinos der Shoppingcenter. Programme: *cinecartaz. publico.pt*. Lieblingskino: das *Ideal* oberhalb des Largo de Camões *(cine maideal.pt)*. Gutes Programmkino: die *Cinemateca (Rua Barata Salgueiro 39 | cinemateca.pt)*

KULTURZENTREN

19 ARROZ ESTÚDIOS

Cooler, experimenteller Kreativ-Kulturspot im Ostteil der Stadt. Favoriten

Fado wird nicht gesungen, sondern zelebriert: Sängerin im „Mesa de Frades"

sind die Open-Air-Ki-nosessions mit Pizza und cosy Sofas (Do) sowie der alternative Kunsthand-werksmarkt *Mercado Beato* (So). Live Jams, Installationen. Und: Hier fand Europas erstes Cryptokunst-Festival statt! *3 Euro Mitgliedsbeitrag | Do–Sa abends | Av. Infante Dom Henrique (AAFC) | arrozestudios.pt | Bus 728 Ponte de Xabregas, 759 Xabregas, 794 Av. Inf. Dom Henrique/Ponte Xabregas | Xabregas | ◫ Q7*

🈳 CENTRO CULTURAL DE BELÉM
Klassik, Jazz, Pop-Rock und Ethno, Bal-lett, Modern Dance und Ausstellun-gen. 🔍 Auf 9000 m² stellt das *MAC* (*Museum of Contemporary Art,* die ehemalige Berardo Collection) coole Kunst aus *(tgl. 10–19 Uhr | Eintritt 5 Euro, 1 So im Monat gratis).* Schöne Cafetaria. *Praça do Império | Tel. 2 13 61 24 40 | ccb.pt | Zug Cais do So-*dré *| Eléctrico 15 Centro Cultural de Belém | Belém | ◫ C12*

🈲 FÁBRICA BRAÇO DE PRATA ⭐
Wer die Nase voll hat vom Gedrängel, braucht so einen coolen Ort wie die-sen. Der Weg raus ins neue Trendvier-tel Marvila in die ehemalige Muniti-onsfabrik lohnt: Misch dich unter die Locals bei Tanzveranstaltungen und -workshops, Ausstellungen und ande-ren Events. Günstiger Eintritt, unter-schiedliche Musikstile, nette Gastro-nomie. *Mo–Mi 8–23, Do–Sa 9–1, So 9–20 Uhr | Rua da Fábrica de Material de Guerra 1 | bracodeprata.com | Bus-se 718, 728 Poço Bispo | Marvila | ◫ 0*

🈴 LX FACTORY 🦩
Angesagter Kulturkomplex in ehema-liger Textilfabrik. Die coole Buchhand-lung mit Café *Ler devagar (lerdevagar. com),* Kunstgalerie und Vinylplatten-Store ist wochenends bis 2 Uhr früh

geöffnet. Entflieh den recht kommerziellen Läden im EG: In den Ateliers im 1. Stock warten die unabhängigen Läden und Designer: Surf- und Skatemode, kreative Lampen, analoge Fotografie, witzige Socken u.v.m. Außerdem Clubs, Ateliers, Restaurants, Brunch-Cafés, das brasilianische (Terrassen-)Café *Borogodó* sowie u.a. ein flexitarisches Restaurant mit dem beruhigenden Namen *The Therapist*. *Tgl., wechselnde Zeiten | Rua Rodrigues Faria 103 | Tel. 2 13 14 33 99 | lxfactory.com | Eléctrico 15, 18 Largo do Calvário | Alcântara | ⌨ G10–11*

23 VILLAGE UNDERGROUND
Origineller Nachbar der *LX Factory:* ausrangierte Doppeldecker und Container für Co-Working, mit Caférestaurant, DJs. Guter Spot für Late-Night-Dance-Events. *Zeiten je nach Event | Av. da India 52 | vulisboa.com | Eléctrico*

15, 18 Largo do Calvário | Alcântara | ⌨ G11

MUSIC CLUBS & LIVE-EVENTS

24 BARTÔ
Im Keller der fest in Tourihand befindlichen Chapitô-Terrasse kannst du dir jeden Abend Musik geben: Mi, Fr Samba, Do, Sa Weltmusik und am Montag der fesche *Clube do Choro:* Ukulele, Tamburin, Geige, Saxophon – absoluter Kult und geht in die Beine. *Tgl. 21–2 Uhr | Costa do Castelo 7 | chapito.org, Programm auf Instagram: obarbarto | Metro (blau, grün) Baixa-Chiado, dann Elevador do Castelo | Alfama | ⌨ d3*

25 CAMONES
Camones ist in Lissabon der Name für Touristen, hier ironisch gebraucht, denn zu den Konzerten in den anhei-

Angesagter Treffpunkt mit shabby Chic: LX Factory

melnden sofabestückten ersten Stock eines Eckhauses in der historischen Arbeitersiedlung Estrela im Graça-Viertel kommen hauptsächlich Locals. Regelmäßige (Pop-up-)Sessions interessanter Bands. Kino, Open Mic. Sympathische Vibes. *Do–Di 17–23 Uhr | Rua Josefa Maria 4B | Tel. 9 33 29 74 41 | Facebook: camonescinebar | Eléctrico 28, Bus 734 Rua Graça | Graça | ▥ N8*

26 DESTERRO

Late-Night-Mekka der alternativen Musikszene; Underground-Sitz eines Kulturvereins, mit einem Hauch anarchischer Berliner Social Club. Improvisations-Elektronik *(Mi)*, DJs, Jazz, Chor *(Di 16–18 Uhr),* musikalische Schach-Sessions. *Di–Sa 20–4 Uhr | Eintritt 3 Euro (Mitgliedschaft) | Calçada do Desterro 7 | darc.pt | Programm: Facebook: darclx | Metro (grün) Intendente | Intendente | ▥ M–N8*

27 GALERIA ZÉ DOS BOIS

Ewig junger Chef-of-Cool-Cluster, eine feste Größe im Kulturleben. Im Ex-Stadtpalast spielen alle, von hiesigen Blues-Ikonen wie Legendary Tigerman und Gitarrist Norberto Lobo über internationale Newcomer, psychedelische Afrosounds bis zu improvisiertem Noise. Tolle Rooftop-Terrasse, LGBT+-freundliche Atmosphäre. *Öffnungszeiten wechselnd, Konzerte meist ab 22 Uhr | Rua da Barroca 59 | zedosbois.org | Metro (blau, grün) Baixa-Chiado | Bairro Alto | ▥ a3*

28 INSITU LISBOA

Eine Treppe führt eine Mouraria-Sackgasse hoch in diesen coolen, cosy Patio-Snackspot mit Livemusik (Mi Jazz). Digitale Co-Work-Nomaden aus aller Welt suchen – und finden – Nachbarschafts-Feeling. *Mo–Fr 10–22 Uhr | Beco do Rosendo 6 | Instagram: @insitu.lisboa | Metro (grün) Rossio | Mouraria | ▥ d2*

29 LOUNGE

Lässige Bar, lässiges Publikum, gemischte Musik, Konzerte gratis! Leider grauslige Toiletten – besser vorher woanders gehen! *Tgl. | Rua da Moeda 1 | gegenüber vom Elevador da Bica | Facebook: Lounge | Eléctrico 25 Rua S. Paulo (Bica) | Metro (grün) Cais do Sodré | Santa Catarina | ▥ L10*

30 MUSICBOX ⭐

Der Club ist Anlaufstelle für Fans von House, Electro und Alternative und für Nachteulen: Außer an Konzerttagen ist vor 2 Uhr nichts los. Die monatliche *Príncipe Night* bringt den urbanen Sound der Vororte in die City (10 Euro inkl. 2 Getränke). *Mo–Sa 23–6 Uhr | Rua Nova de Carvalho 24 | musicboxlisboa.com | Metro (grün) Cais do Sodré | Santa Catarina | ▥ a5*

THEATER, MUSICAL & OPER

Die alten Theater, das *São Luíz* und das *Trindade* am Chiado und das *Dona Maria II* am Rossio, sind schön anzusehen, gespielt wird aber auf Portugiesisch. Das *Teatro Nacional de São Carlos* spielt italienische Opern. Die Gulbenkian-Stiftung *(musica.gulbenkian.pt)* hat eigene Säle und ein eigenes Orchester.

AKTIV &
ENTSPANNT

Joggen geht eigentlich überall ...

SPORT, SPASS & WELLNESS

WANDERN

Caminhar – wandern? So was machten lange nur Ausländer. Heute haben auch Portugiesen das Touren durch die Natur entdeckt, trekken durch den Sintra-Naturpark und die Küste entlang. Aber nicht allein! Die Teilnahme an kommerziellen Wanderungen ist günstig (ca. 10 Euro), da die Gruppen meist recht groß sind. Auf originellen Pfaden wandelst du z. B. mit *Caminhos Com Carisma (Facebook: Caminhos Com Carisma), greentrekker.pt* und *Caminhadas Smile (Facebook: caminhadas.smile).*

YOGA FÜR ALLE

Die Yogawelle hat auch Lissabon erreicht. Wer mit Einheimischen die Sonne grüßen mag, hat die Wahl. Wann wo eine Session – im Park oder auf einer Dachterrasse – startet, verrät die Plattform *MeetUp (meetup.com).* In besten Händen ist man bei der Lissabonnerin und zertifizierten Hatha-/Iyengar-Lehrerin Rita Pereira *(auch auf Englisch | nach Voranmeldung | 15 Euro/75 Min. | iyengaryogalisboasao vicente.com).* Und für Entspannung suchende Wasserratten-Yogis gibt's SUP-Yoga auf großen Stand-up-Paddling-Brettern in der Bucht von Cascais *(surfnpaddle.com).*

JOGGEN AM FLUSS

Eine gute Joggingstrecke führt von der Praça do Comércio über den Verkehrsknotenpunkt Cais do Sodré 6 km am Tejo entlang nach Belém – vorbei an der jetzt schön angelegten Ribeira das Naus, wo früher die Entdeckerschiffe gebaut wurden, an Sehenswürdigkeiten wie der Torre de Belém und dem Entdeckermonument. Übrigens: Walken und Spazierengehen geht da genausogut, klar!

Du willst nicht auf dein Laufprogramm verzichten und trotzdem alle Must-

sees abklappern? Problem erkannt, Problem gelöst: Mit den *Lisbon City Runners (lisboncityrunners.com)* geht auch das.

FAHRRAD FAHREN

Ganz zaghaft zeigen die Lissaboner Radfahrer Profil; wer sie kennenlernen will, leiht sich ein Rad, begibt sich an einem letzten Freitag im Monat um 18 Uhr zum Kreisverkehr Marquês de Pombal und radelt bei der *Massa Critica (massacriticapt.net)* mit, bei der ein paar Dutzend Lissabonner die Straße für sich einfordern, allerdings auf portugiesisch-höfliche Art: Eine Fahrspur wird stets freigelassen. Zunehmend legt die Stadtverwaltung Radwege an – schön natürlich am Fluss entlang, sonst eher in den Außenbezirken. Die enge, verwinkelte Altstadt ist halt nicht für Radler gemacht, denn die Schienenrillen der *eléctricos* sind böse Fallen für Radfahrer, die ihrerseits bei Bus- und Taxifahrern nicht sehr beliebt sind. Eine Onlinekarte der Fahrradwege gibt es bei *lisboa.pt/cidade/mobilidade/meios/bicicleta/mapa-rede-ciclavel*, Fahrradvermietung u. a. über *Bike iberia* (s. S. 136). Das städtische Leihrad-Projekt *GIRA (gira-bicicletasdelisboa.pt)* hat direkt gut eingeschlagen. Und dazwischen flitzen jetzt auch noch die Touristen auf City-Rollern durch die Gegend, die dann gern überall kreuz und quer abgestellt werden.

PING-PONG IM PARK

Wie lang hast du kein Tischtennis mehr gespielt? Der Gratis-Ping-Pong-Tisch im *Jardim Braancamp (Campo Mártires da Pátria)* ist zwar nicht mehr top in Schuss, aber die Stimmung ist freundschaftlich – hier spielen gerne die Mitglieder Lissabons nepalesischer Community. Keine Schläger dabei? Die Ausrede gilt nicht: Sets gibt's für unter 5 Euro beim Sportdiscounter *Decathlon (decathlon.pt)* – der zentralste ist am Kaufhaus *Corte Inglés*.

SENHOR KLETTERMAX

Der coolste Indoor-Climbing-Spot der Stadt ist 👁 *Vertigo* („Schwindel") *(Facebook: Vertigo Rocódromo Lisboa)*, am Tejo-Ufer im Trendviertel Marvila. Für Outdoor Climber: Wie wär's, direkt unter der Ponte 25 de Abril (S. 54) zu klettern? Mit farblich gekennzeichneten Routen, mit Anweisung und Auto-Belay-Sicherungssystem klettert hier die sympathische Community der *Pilar 7 Experience (Mo 14–21, Di–Do 10–21, Fr 10–20, Sa/So 10–18 Uhr | Tagespass 9,50 Euro, Klettereinführung 25 Euro | escala25.com).*

RAUF AUFS SKATEBOARD

Zum ersten Mal auf dem Board oder schon reif für gewagte Manöver? Flávio von der *Manolas*-Skate-Schule *(WhatsApp +351 9 26 41 20 54 | Instagram: manolas_sk8school)* gibt tgl. (nach Absprache) Unterricht im Großraum Lissabon. Eine Privatstunde kostet 30 Euro. Oder wie wär's mal mit Surf-Skate (einer Art Skate-Simulator)?

FUSSBALL

Hältst du es mit den Adlern oder mit den Löwen? Ein richtiger Lisboeta muss Farbe bekennen: Rot für die *Águias* (Adler) von Benfica – mit 225 000 Mitgliedern nach Bayern München der zweitgrößte Club der Welt – oder Grün für die *Leões* (Löwen) von Sporting. Benficas *Estádio da Luz* („Stadion des Lichts") fasst ca. 65 000 Zuschauer *(tgl. außer an Spieltagen*

10–18 Uhr Führungen, alle halbe Std. | Eintritt Stadion 12,50, Museum 10, Kombi 17,50 Euro | Kasse Tür/Porta 18 | slbenfica.pt | Metro (blau) Colégio Militar/Luz). Ins *Estádio José Alvalade (Di–So 9.30–17 Uhr, an Spieltagen 10.30–13 Uhr, 50 Prozent Rabatt bei Vorlage des Spieltickets, Führungen 11.30, 14.30, 15.30, 16.30 Uhr | Eintritt Stadion & Museum 14 Euro | sporting.pt | Metro (gelb) Campo Grande)* von Sporting passen auch noch über 50 000 Fans. Tickets für Ligaspiele kosten 5–35 Euro, Bestellung vorab an den Stadionkassen oder online *(tgl. 10–20 Uhr | Abholung spätestens 2 Std. vor Spielbeginn).*

👁 Wenn es ein etwas entspannterer, familienfreundlicher Fußballnachmittag werden soll: Auf ins *Restelo*-Stadion

==des Zweitligisten Belenenses!== *(Está-dio de Restelo | Av. do Restelo | Belém | osbelenenses.com | Tickets vor Ort 7–15 Euro).*

WELLNESS

Wunderbar für müde Füße ist eine chinesische Fussmassage, die in Lissabons Chinatown entlang der Rua da Mouraria angeboten wird. Weitere Eco-Massagen-Optionen gibt es in der Baixa.

Männer! Wie wärs mit einem Makeover fürs Barthaar in einer traditionellen Barbearia? Eine gute gibt's z.B. neben der Dominikanerkirche hinterm Rossio (Praça Dom Pedro IV).

Komplette Entspannung gefragt? Dann ist ein Stündchen in der Salzlösung im Schwebetank von *Float In (50 Min. ab 50 Euro | Rua San Filipe Nery 37A | float-in.pt | Metro (gelb) Rato)* an-gesagt. Das Hirn schaltet ab, und die Beinmuskeln erholen sich wunderbar von den steilen Straßen der Stadt. Ableger gibt's in Picoas (Saldanha) und Belém.

SPORT VOM SOFA

Nach all dem Rumgerenne in der City kommt ein bisschen Couch-Potato-Sofasport doch auch mal ganz gut. In der Sportsbar *The Couch (Mo–Do 15–2, Fr 15–3, Sa 12–3, So 12–2 Uhr | Rua do Alecrim 21A | thecouch.pt | Metro (grün) Cais do Sodré)* flimmern Fußball-Champions-League, Golf & Co. aus aller Welt über 30 Bildschirme. Schnapp dir einen der 12 nach Sportikonen benannte Cocktails, z.B. den „Michael Phelps" auf Hendricks-Gin-Basis mit Basilikum, Gurke, Limette, Zitronensaft und schau zu, wie andere sich abstrampeln.

Farbe bekennen: Fans von Benfica im Estadio da Luz

FESTE & EVENTS

An Feiertagen sind Banken und viele, aber nicht alle Geschäfte geschlossen. Der 26. Dezember und Ostermontag sind normale Werktage. Museen sind meist am 1. Januar, Ostersonntag, 1. Mai und 25. Dezember geschlossen. Die Tejo-City liebt es zu feiern, und Anlässe dafür gibt's rund ums Jahr (Infos: *visitlisboa.com, atlaslisboa.com/culture/events* und *portugal360.de/lissabon/events*). Der Festmonat schlechthin ist Juni mit den Ehrentagen diverser Volksheiliger, vor allem Santo António am 13.6.

FEBRUAR

Wechselnde Daten (2024: 10. Feb., 2025: 29. Jan.): **Chinesisches Neujahr**; riesige Drachen winden sich durch die Straßen von Chinatown rund um Martim Moniz. Konzerte, Chinese Food & Feng Shui *(Facebook: Ano Novo Chinês)*

FEBRUAR/MÄRZ

Karneval (*entrudo* Faschings-Di), brasilianisch angehauchter Nachbarschafts-Karneval mit kostümierten Umzügen in vielen Vierteln, Schwerpunkt Parque das Nações

MÄRZ

Mitte des Monats: **EDP Meia Maratona** (Voll- und Halbmarathon) von der 25.-Abril-Brücke nach Belém

Mitte des Monats: **Moda Lisboa/Fashion Week** *(Pavilião Carlos Lopes/Parque Eduardo VII | modalisboa.pt)*; im Okt. nochmal

Holi, das indische Fest der Farben, mit Epizentrum auf dem Martim Moniz (Facebook: Happy Holi)

Peixe em Lisboa, Fischfest im noblen *Pátio da Galé (Praça do Comércio),* mit Showcooking und großem Gastro-Aufmarsch *(Instagram: peixeemlisboa)*

Ende März/Anf. April: **Caparica Surf Fest**, eine Woche lang Wellenreiter-

und Bodyboard-Turniere, Konzerte, Partys *(beachcam.meo.pt)*

Alle Sa im März: **Serões músicais no Palacio da Pena**. Die Touris sind noch nicht da – die Gelegenheit zum gepflegten Musikgenuss im Palast von Sintra *(parquesdesintra.pt)*

APRIL

25. April: **Parade** auf der Avenida da Liberdade zum Jahrestag der Nelkenrevolution am 25.4.1974

Ende April: **Dias da música**, drei Tage Klassik-Konzertmarathon im Centro Cultural de Belém *(ccb.pt)*

Ende April (10 Tage): **Indie Lisboa** *(in dielisboa.com)*, internationales Independent Filmfestival

MAI

So nach dem 4. Mai: **Procissão de Nossa Senhora de Saúde**, die Prozession Unserer lieben Frau der Gesundheit durch die Mouraria, zum Gedenken an das Ende der Pestseuche 1580, ist die älteste Prozession der Stadt. Das alte Portugal der Traditionen lebt auch in der City!

Mitte Mai: **ARCO Lisboa**, Internationale zeitgenössische Kunst in der *Cordoaria Nacional*; das Gebäude an sich ist schon interessant! *(ifema.es/arco lisboapr_01)*

Lisbon Restaurant Week: Die Gourmettempel öffnen ihre Tore; für 20 Euro (Getränke extra) kannst du dir Top-Gastronomie geben. Und: Von den 20 Euro wird einer für wohltätige Zwecke verwendet (nochmal im September)

INSIDER-TIPP
Essen für die gute Sache

JUNI/JULI

Heiliger Sardinensack! Fast einen Monat lang werden die **Arraiais** gefeiert: Straßenfeste mit Musik und Tanz, gegrillten Sardinen und Wein. Ein hipper Arraial mit mehr Klasse und weni-

INSIDER-TIPP
Angesagte Sardinenparty

ger Gedränge findet in einer der alten Arbeitersiedlungen der Graça statt (*Facebook: Vila Berta*). Einer der Höhepunkte: die Parade *Marchas populares (ab 21 Uhr | Av. da Liberdade)*.

Ein Höhepunkt im Festkalender: **Casamentos de Santo António** am 12. Juni, dem Vorabend des Dia de Santo António: Paaren aus ärmeren Verhältnissen wird von der Stadt die Hochzeit mit allem Drum und Dran gesponsert. In der Sé und der Câmara Municipal (Rathaus) ab 14 Uhr

Lisboa em festa: Ausstellungen, Märkte und Konzerte; Kultursommer zum Nulltarif: Open-air-Fados und mehr. Man weiß kaum, wo man zuerst hin soll *(egeac.pt | cm-lisboa.pt)*!

Anfang/Mitte Juli: **NOS Alive**, drei Tage große Pop- und Rock-Namen in Algés am westlichen Rand der Stadt *(nosalive.com)*

JULI

Mitte Juli: **Superbock Superrock**, Rock- und Metalfestival mit einer Prise Hip-Hop im Parque das Nações *(superbocksuperrock.pt)*

Festival EDP Cool Jazz: Der Stromversorger EDP sponsert Open-Air-Jazzkonzerte in Cascais. Namen wie David Byrne, Norah Jones, Gregory Porter. Und: eines der ökologisch korrektesten Festivals *(edpcooljazz.com)*!

AUGUST

Anfang Aug.: **Aurafestival**. Es werde Licht! Lichtkunst ist im mystischen Sintra gerade richtig *(aurafestival.pt)*

Anfang Aug.: **Jazz em Agosto**, internationales Jazzfestival (10 Tage) mit Top Acts *(musica.gulbenkian.pt/jazz)*

Mitte Aug.: **O Sol da Caparica.** Beim größten Musikfestival Portugals an der Surfküste gibt's auch Straßenkunst, (Zeichentrick-) Filme, u.v.m. Einer der vier Tage ist speziell auf Kinder ausgelegt *(osoldacaparica.pt)*

Ende Aug./Anf. Sept.: **Feira do Livro**, Bücherfest mit Konzerten, Street-Food und Präsentationen *(Fr–So bis 23 Uhr | feiradolivrodelisboa.pt | Metro (blau, gelb) Marquês de Pombal)*, Buchmesse im Parque Eduardo VII

SEPTEMBER

1.–30. Sept.: **Feira da Luz**. So ein richtiges Volksfest, in Carnide am Stadtrand, mit vielen Gratis-Events, Fado- und Popkonzerten u.a. – ein populäres Mega-Event

Mitte Sept.: **Festival Todos.** *Todos* heißt „alle", und drei Tage lang feiert das multikulturelle Lissabon in São Vicente und auf dem Santana-Hügel mit Konzerten, Tanz u.a., oft an spannenden Orten; z.B. mongolisch-bulgarisch-französische Musik in einer historischen Kapelle, so Sachen halt … *(festivaltodos.com)*

Mitte Sept.: **Lisbon Busking Festival**, Straßenmusik am Hipster-Spot *(Facebook: Chapéus na Rua)*

Ende Sept.: **Festival Iminente,** Musik- und Kulturfestival unter der Leitung des Stars der Straßenkunst, Vhils, im *Restaurante Panorâmico* im Monsanto-Park. Cooler geht's nicht, und die Tagestickets sind nicht teuer *(Facebook: Festival Iminente)*

Ende Sept.: **Lumina Cascais,** Lichtfestival in Cascais *(lumina.pt)*

OKTOBER

Anfang Okt.: **Lisbon Food Week**, thematische Dinners, Showcooking, Restaurantrouten unter dem Motto „Let's Eat it All!" *(lisbonfoodweek.pt)*

Mitte Okt.: **Marathon** und Halbmarathon *(Facebook: EDP Maratona de Lisboa)*

Ende Okt.: **DocLisboa**. Lissabons wohl bekanntestes Filmfestival zeigt zehn Tage lang spannende Dokus aus aller Welt im schönen Art-déco-Kino *São Jorge* an der Avenida Liberdade. Tickets 4 Euro *(doclisboa.org)*

3. Sa im Okt.: **World Singing Day**, europaweites Singfestival *(Facebook: World Singing Day)*

Ende Okt.: **Jameson Urban Routes**, Indoor-Festival der aktuellen Musikszene im coolen Club *Musicbox Lisboa*

NOVEMBER

Anfang Nov.: **Web Summit**. Bis 2028 findet das Treffen der Informatik-Nerds, laut Forbes die „beste Technologiekonferenz auf dem Planeten", in Lissabon statt, mit einer hochkarätigen Frauenpräsenz, ab 2019 in den Messehallen der Expo *(websummit.com)*

Misty Fest, Mix-Musikfestival mit Jazz und Klassik *(misty-fest.com)*

Ende Nov.: **Super Bock em Stock**. Das Festival gibt's seit 2008, die Musik ist immer neu, über 50 Acts in über zehn Veranstaltungsorten um die Av. da Liberdade herum; Gelegenheit, unbekannte Ecken der Nobelmeile zu entdecken

DEZEMBER

Glühwein muss sein? Kein Problem: Vorglühen und Riesenradfahren gibt's auf dem **Weihnachtsmarkt** im Parque Eduardo VII

Die atmosphärischen vorweihnachtliche **Musikkonzerte** in vielen Kirchen sind meist gratis! Nur sollte man sich warm anziehen *(egeac.pt)*!

Bei den Marchas populares werden fantasievolle Kostüme vorgeführt

SCHÖNER SCHLAFEN

HIPSTER-HOTEL

1908 wurde das Gebäude im Neo-Barock-Rokoko-Stil mit dem Valmor-Architekturpreis gekrönt. Damals war die Ausfallstraße Almirante Reis noch schick. Dann ging's bergab mit der Gegend, heute ist der Intendente-Platz ein Hipsterspot und das schwarz-weiße Design des Hotels *Lisboa 1908* (*36 Zi. | Largo do Intendente Pino Manique 6 | Tel. 2 18 80 40 00 | 1908lisboahotel.com | Metro (grün) Intendente | €€€ | Intendente/Mouraria | ⌨ N8*) in echter Eyecatcher.

Die aufregenden Insekten-Metallkunstwerke des Künstlers Bordalo II in der Rezeption und in der Bar sind auch Nicht-Gästen zugänglich – einfach nett fragen. 2022 wurde das *Lisboa 1908* als „Best Design Hotel" mit dem Reise-Oscar ausgezeichnet. Das Restaurant *Infâme* (s. S. 73) dient als Frühstücksraum.

TOP ROOFTOP

In einer ehemaligen Parfumfabrik aus den 30er-Jahren entstand das coole *Monte Belvedere-Boutique-Guesthouse* (*9 Sui. | Rua Santa Catarina 17 | Tel. 9 15 15 08 60 | shiadu.com | Metro (blau, grün) Baixa-Chiado | €€ | Santa Catarina | ⌨ L9–10*): klare Linien, junges Design, persönlicher Service und eine fabulöse Barterrasse.

GRÜNE HERBERGE

Das *Inspira Liberdade Boutique Hotel* (*89 Zi. | Rua de Santa Marta 48 | Tel. 2 10 44 09 00 | inspirahotels.com | Metro (blau) Avenida | Metro (blau, gelb) Marquês de Pombal | €€€ | São Sebastião | ⌨ L7*) ist nicht nur Portugals grünstes Boutiquehotel (Ökostrom, Korkböden uvm.), es hat auch vier Sterne, zuvorkommendes Personal und ein gutes Restaurant (zertifiziert glutenfrei). Die begrenzte Ablagefläche und verwirrende Lichtschaltung in

Nachhaltig und cool: Restaurant im Inspira Liberdade Boutique Hotel

den schönen Feng-Shui-Zimmern wird durch die zentrale Lage (15 Min. zu Fuß zum Rossio) in einer reizend altmodischen Parallelstraße zur Av. da Liberdade wettgemacht.

KINDER WILLKOMMEN! 👓

Die 37 Studio-Apartments des Familienhotels *Martinhal (Rua das Flores 44 | Tel. 2 10 02 96 00 | martinhal.com | €€€ | Chiado | 🚇 a4–5)* in einem Palast aus dem 19. Jh. sind komplett auf Familien eingestellt: Möbel mit abgerundeten Ecken, Etagenbetten, Badezimmer mit Töpfchen. Babysitting und Kidsprogramme (bis 9 J.) schaffen Freizeit für Eltern. Frühstück (kostet extra) nebenan im *M Bar Family Café.*

EISENBAHNROMANTIK

Der „Nachtzug nach Lissabon" lässt grüßen: im Santa-Apolónia-Bahnhof kam der Protagonist des Bestseller-Romans in Portugal an. Im Bahnhof entstand 2022 das Hotel *Editory Riverside (Av. Infante Dom Henrique 1 | Tel. 2 19 02 30 00 | editoryhotels.com | Metro (blau) Santa Apolónia | €€€ | Alfama | 🚇 O9)* in Vintage-Eisenbahn-Optik. Toll ist das Zimmer mit dem Buntglas-Rundfenster! Im Restaurant *Impulso* im 1. Stock *(tgl. 7–1 Uhr)* wird Mo–Fr das feine Menü *Executivo* für 25 Euro serviert. Service zuvorkommend, aber nicht steif.

HEKTIK ADE!

Das Boutique-B & B *The House (9 Zi. | Travessa Pinheiro 11, 4. St. | Tel. 2 15 94 79 49 | thehouse.pt | Metro (gelb) Rato | € | Estrêla | 🚇 J9)* im ruhigen Estrêla hatte schon lange vor der Rooftop-Manie eine 360-GradBlick-Terrasse. Die Besitzer geben gerne Tipps. Damit und mit fairen Preisen für Singles ist das Haus ideal für Soloreisende.

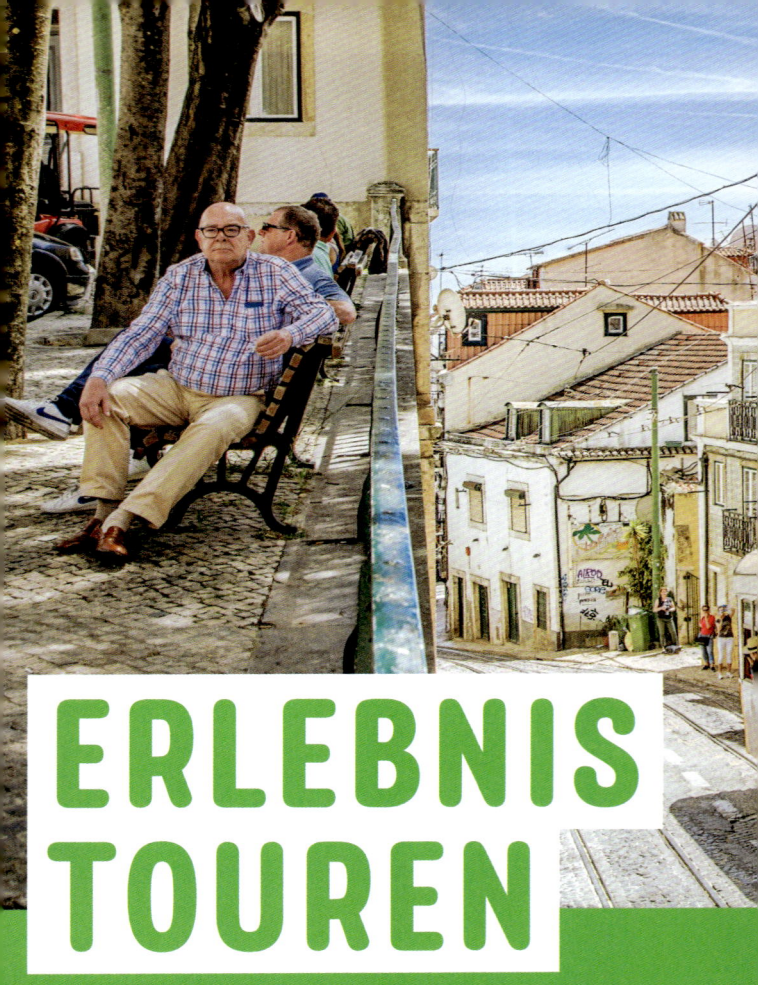

ERLEBNIS TOUREN

Lust, die einzigartigen Facetten der Stadt zu entdecken? Dann sind die Erlebnistouren genau das Richtige für dich! Ganz einfach wird es mit der MARCO POLO Touren-App: Die Tour über den QR-Code aufs Smartphone laden – und auch offline die perfekte Orientierung haben.

Die berühmte Tram Nr. 28 klettert durch die Altstadtgassen nach oben

Einfach QR-Code scannen und alle Karten & Infos zu unseren Touren auch unterwegs parat haben!

go.marcopolo.de/lis

DIE ERLEBNISTOUREN
IM ÜBERBLICK

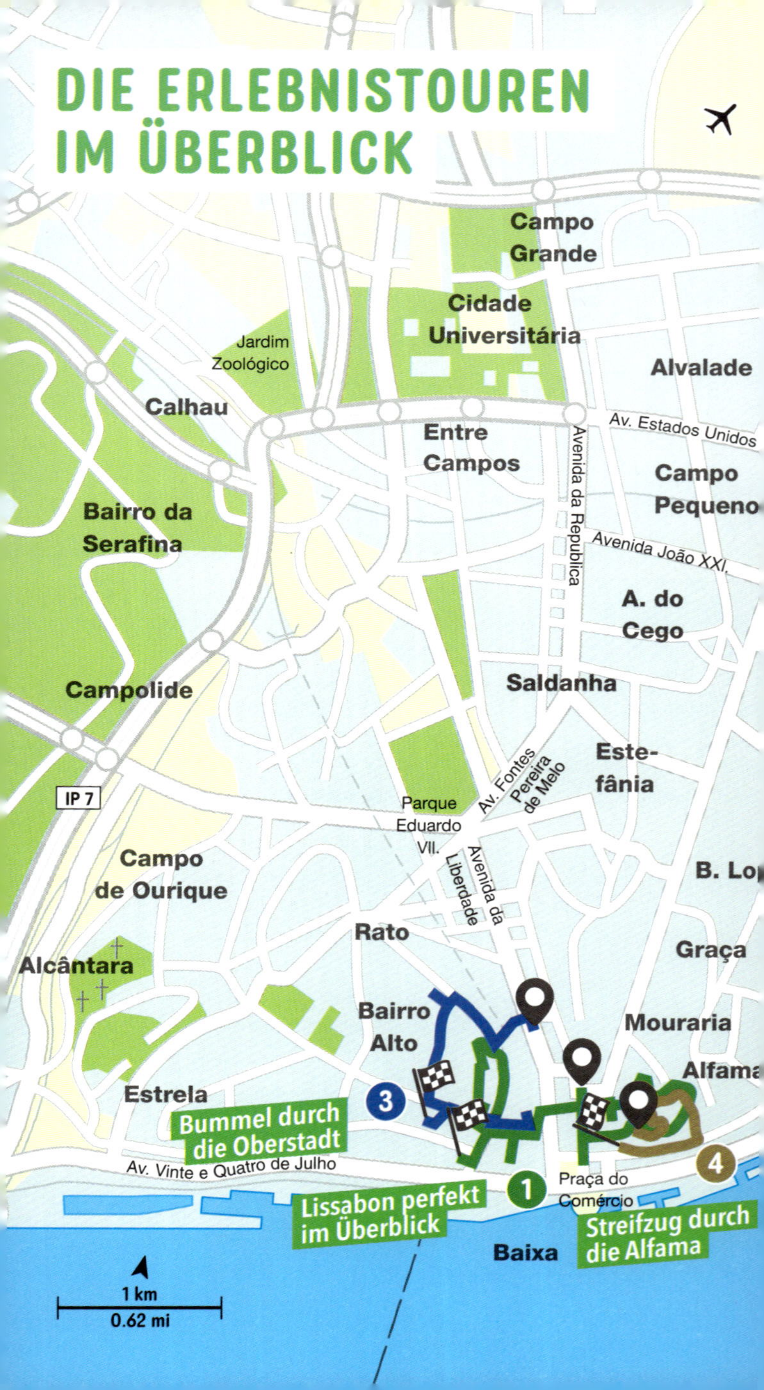

Campo Grande

Cidade Universitária

Alvalade

Jardim Zoológico

Av. Estados Unidos

Calhau

Entre Campos

Campo Pequeno

Avenida da República

Avenida João XXI.

Bairro da Serafina

A. do Cego

Campolide

Saldanha

Av. Fontes Pereira de Melo

Este-fânia

IP 7

Parque Eduardo VII.

Avenida da Liberdade

Campo de Ourique

Rato

B. Lo

Alcântara

Bairro Alto

Graça

Mouraria

Alfama

3 Bummel durch die Oberstadt

Estrela

Av. Vinte e Quatro de Julho

1 Lissabon perfekt im Überblick

Praça do Comércio

4 Streifzug durch die Alfama

Baixa

1 km
0.62 mi

Moscavide

Architektur und „Meeresbrise" – das neue Lissabon

Olivais Sul

Av. Marechal Gomes da Costa

Teresinhas

Av. Almirante Gago Coutinho

Chelas

da América

Braço de Prata

...ro

Picheleira

Madre de Deus

Avenida Infante D. Henrique

Caminhos de Ferro

Rio Tejo

2

❶ LISSABON PERFEKT IM ÜBERBLICK

➤ Auf der zentalen Flaniermeile zum Tejo
➤ Vom Kastell aus den Überblick genießen
➤ Unterwegs mit Aufzügen und klapprigen Straßenbahnen

📍 Rossio

🏁 Rua Nova do Carvalho

→ 6 km

🚶 1 Tag, reine Gehzeit 1¾ Stunden

ℹ️ Kosten: 29,95 Euro (ÖPNV-Tagesticket 6,95, ❷ Triumphbogen 3, ❻ Castelo de São Jorge 10, ⓫ Museu Nacional de Arte Contemporânea do Chiado 4,50, Olivenöl-Tasting 5,50 Euro) zzgl. Verpflegung
Achtung: In der Straßenbahn auf Brieftasche aupassen!

❶ Rossio

❷ Triumphbogen

❸ Praça do Comércio

❹ Eléctrico 28

HERZ UND SCHLAGADER DER STADT

Startpunkt ist am zentralen Platz ❶ Rossio ➤ S. 40. Und dann einfach erstmal losschlendern: *über die Hauptgeschäftsstraße* Rua Augusta *in Richtung Tejo*. Hier seid ihr mitten in der Unterstadt, der Baixa, die nach dem Erdbeben von 1755 durch Stadterneuerer Marquês de Pombal großzügig im Rastermuster angelegt wurde. Die dreistöckigen Häuser bestanden aus dem „Pombalinischen Käfig": einem flexiblen, erdbebenresistenten Holzgerüst, einer Art Fachwerk-Struktur. Auf den imposanten ❷ Triumphbogen *(Eintritt: 3 Euro)* kann man rauf: für Topblicke auf Baixa, Tejo und die ❸ Praça do Comércio ➤ S. 38. Auf dem von sonnengelben Arkaden eingerahmten Empfangsplatz der Stadt fühlt man sich schon wie am Meer!

So, jetzt wendet ihr euch wieder Richtung Rossio und geht nach rechts in die Rua Conceição. Flankiert von altmodischen Kurzwarenläden mit bunten Bordüren, Knöpfen und Häkelnadeln *gelangt ihr an der Ecke zur Rua Madalena zur Haltestelle* der berühmten nostalgischen Straßenbahn ❹ Eléctrico 28 ➤ S. 27. Springt in

das gelbe Bähnchen, das seit über 100 Jahren durch die verwinkelte Altstadt ruckelt und zockelt, und fahrt ein paar Stationen – vorbei an der Kathedrale Sé ➤ S. 32 – bis zum *Largo das Portas do Sol*. Von den diversen Terrassencafés – vom einfachen Kiosk bis zum schicken ❺ Esplanada das Portas do Sol ist alles dabei – gibt's einen tollen Blick auf die Dächer der Alfama und über den Tejo mit dem größten Kreuzfahrschiff-Terminal Europas. *Steigt dann gestärkt den steilen Treppchenweg Beco do Maldonado hinter euch hinauf und biegt links ab in den pittoresk-bröckeligen Pátio de Dom Fradique –* wer Altmeister Wim Wenders' Filmklassiker „Lisbon

❺ **Esplanada das Portas do Sol**

Story" (1994) gesehen hat, dem wird dieser Ort sicher bekannt vorkommen …

❻ Castelo de São Jorge

Noch ein paar Höhenmeter und ihr seid beim ❻ Castelo de São Jorge ➤ S. 34. Auch wenn die maurische Zitadelle unter Diktator Salazar zu einer bezinnten Bilderbuchburg umgemodelt wurde – unter Pinien, Olivenbäumen und Steineichen bietet sie weite Blicke über die Stadt, ein prima Museum und eine Ausgrabungsstätte. Bei Letzterer unbedingt die Führungszeiten checken, beim reinen Gucken erschließt sich wenig!

ELEVADORES, AZULEJOS, FADO UND OLIVENÖL

❼ Mercearia Castelo

Fünf Minuten Fußweg entfernt empfiehlt sich fürs Mittagessen die angenehme ❼ Mercearia Castelo *(tgl. | Rua das Flores de Santa Cruz 2 | €€)* im sanierten Castelo-Viertel. Oft schauen die Burgpfauen von den Zinnen auf die Gäste herunter. *Zurück in die Baixa geht es rechts über die Rua Cruz do Castelo, dann rechts über die Rua do Milagro de Santo António (mit den blau-weißen Kachelbildern an der Hauswand) zum Elevador da Baixa (Einstieg am Oberdeck des Chão-de-Loureiro-Parkhauses).* Noch schnell den Superblick von der Aussichtsterrasse mitnehmen, dann im Glaslift ein paar Etagen runterfahren. Im ❽ Maria Palato ➤ S. 89 in der Rua Madalena gibt's für 5,50 Euro ein leckeres Olivenöl-Tasting.

❽ Maria Palato

INSIDER-TIPP
Das grüne Gold

Nach dieser Gourmeteinlage *geht's nebenan im Glaslift weiter runter, in die Rua dos Fanqueiros. Von hier nach rechts und die zweite links geht's in die Rua Santa Justa, in direkter Sichtlinie auf den* ❾ Elevador de Santa Justa ➤ S. 39 *zu.* Spar dir hier die lange Schlange und nimm die Treppe daneben hoch in die Rua do Carmo und das französisch inspirierte Nobelviertel Chiado ➤ S. 42. Gegenüber der Aufgangstreppe, im Winzladen ❿ Luvaria Ulísses ➤ S. 88, gibt's edle Handschuhe aus feinstem Leder für die Hälfte des Preises, den du zu Hause bezahlen müsstest. Häufig steht das *Fadomobil* – ein grüner Oldtimer mit CD-Verkauf – genau hier,

❾ Elevador de Santa Justa

❿ Luvaria Ulísses

und es erklingt die Stimme der legendären Amália Rodrigues. *Ansonsten geht es sofort weiter: rechts die Rua Garrett hoch, dann links in die Rua Serpa Pinto.*

Dort entfaltet sich im ⑪ **Museu Nacional de Arte Contemporânea do Chiado ➤ S. 44** die ganze Bandbreite der modernen portugiesischen Kunst – und im Gartencafé kann man sich mal wieder in den Relaxmodus bringen. Coole Retro-Souvenirs gibt's im Mutterhaus von ⑫ **A Vida Portuguesa ➤ S. 85** *in der Parallelstraße Rua Anchieta.*

⑪ **Museu Nacional de Arte Contemporânea do Chiado**

⑫ **A Vida Portuguesa**

Tipp für einen Aperitif in der Nähe: Im legendären ⑬ **Café A Brasileira ➤ S. 69** ist man im holzgetäfelten Innenraum unter Lissabonnern statt im Touristen- und Straßenmusiker-Gemenge draußen. *Jantar?* Abendessen? Ein Michelin-Tasting-Menü im ⑭ **100 Maneiras ➤ S. 72** kann sich ein bisschen hinziehen. Doch beim traditionell späten Beginn der Lissabonner „Night" ist das kein Nachteil.

⑬ **Café A Brasileira**

⑭ **100 Maneiras**

Immobilie in Premiumlage: Das Castelo de São Jorge überragt die Alfama

⑮ Pensão Amor

⑯ Rua Nova do Carvalho

Langsam geht die Party los! *Schlendert einfach die typische Bairro-Straße Rua do Diário das Notícias hinunter, rechts in die Rua do Norte, überquert den Largo de Camões und geht die Rua do Alecrim hinab.* Ein guter Zwischenstopp ist die Nr. 19: Die **⑮ Pensão Amor** *(So geschlossen)* ist eine angesagte Bar, deren Deko noch an ihr Vorleben als Bordell erinnert. Später zieht die Nachtschwärmerkarawane weiter in die pink gestrichene **⑯ Rua Nova do Carvalho**, die Nightlife-Flaniermeile des Cais do Sodré ➤ S. 90 – mit der *MusicBox Lisboa*, dem Nachteulen-Treffpunkt für coole Sounds, mit Retroclubs im 70er-Jahre-Look, trendigen Bars und vielem mehr.

❷ ARCHITEKTUR UND MEERESBRISE – DAS NEUE LISSABON

- ➤ Aufsehenerregendes Bauen für die Zukunft
- ➤ Feel the Future – das Kontrastprogramm zu Old Lisboa
- ➤ Kunst und Drinks mit Flussblick

📍 Gare do Oriente	🏁	Gare do Oriente
🕐 5,8 km	🏃	¾ Tag, reine Gehzeit 1½ Stunden

ℹ️ Kosten: 30,95 Euro (ÖPNV-Tagesticket 6,95 Euro, **❻ Oceanário** 17 Euro, **❼ Seilbahn** 7 Euro) zzgl. Verpflegung. Tickets fürs **❻ Oceanário** sind online günstiger.
Das **Centro Comercial Vasco da Gama** hat täglich bis Mitternacht geöffnet.

FUTURISTISCHE ARCHITEKTUR

❶ Gare do Oriente

Startpunkt ist der **❶ Gare do Oriente**, in dessen Betonbauch die rote Metrolinie hält. Der luftig-lichte Palmenhain aus Stahl wurde vom spanischen Architekten Santiago Calatrava für die Expo gebaut – von diesem

Bahnhof aus könnte man in Züge nach Porto oder Paris steigen. *Linker Hand geht's einmal über die breite Avenida* für einen Blick auf das hochoriginelle, asymmetrische **❷ Edifício Mythos** (2012), mit dessen Verschalungsstruktur und Leuchtdioden die hochdekorierten Architektenbrüder Mateus mehrdeutige, dynamische „fiktionale Landschaften" schufen. *Auf derselben Straßenseite, vorbei am Centro Comercial Vasco da Gama,* wartet schon die nächste Architektur-Ikone: der **❸ Vodafone-Hauptsitz.** Die raffinierten, aufklappbaren Fassadenmodule des Telekommunikationsanbieters sind eine Anspielung auf die Casa dos Bicos ➤ S. 32. So, einmal durchs lichtdurchflutete Einkaufszentrum – auf der anderen Seite wartet ein Open-Air-Kunstwerk, der **❹ „Sonnenmann"**, eine

semi-abstrakte Monumentalskulptur des Lissabonner Künstlers Jorge Vieira. *Wer den Masten mit den Fahnen der Welt Richtung Wasser folgt,* läuft dem Expo-Maskottchen, einem Wassertropfen-Männchen, in die ausgestreckten Arme. Am Ufer des hier sehr breiten Tejos hat man das Gefühl, schon am Meer zu stehen. *Rechts geht's weiter auf dem Holzsteg einmal ums Wasserbecken rum.* Auf der anderen Seite grüßt der **Portugiesische Pavillon** des Stararchitekten Álvaro Siza Vieira, dessen 1400-Tonnen-Stahlbetondach sich wie ein Blatt Papier wölbt. Unübersehbar der 📷 bunte Riesenluchs aus recyceltem Müll des angesagten Straßenkünstlers Bordalo II.

❷ Edifício Mythos
❸ Vodafone-Hauptsitz
❹ „Sonnenmann"

Zu Mittag essen kannst du in der **❺ Cafeteria** im ersten Stock des mit Keramikschuppen verkleideten **Hauses des Meeres.** Der Aufgang ist gleich neben den Ticketschaltern für das **❻ Oceanário ➤ S. 58**, in dem du anschließend in die Welt des Meeres abtauchst. Der Aqua-

❺ Cafeteria

❻ Oceanário

Aug' in Aug' mit Riesenfischen: Begegnung im Oceanário

riumskomplex verkörpert das Expo-Motto „Die Ozeane – Erbe für die Zukunft". Zauberhafte Wesen sind die filigranen Seedrachen!

VON MEERESTIEFEN IN DIE HÖHE!

❼ Seilbahn

❽ Torre Vasco da Gama

❾ Myriad

Nimm vom Ozeanarium die ❼ Seilbahn *(tgl. 11–18 bzw. 20 Uhr | telecabinelisboa.pt)*, sie bringt ständig Passagiere zum Fuß des ❽ Torre Vasco da Gama, mit 145 m Lissabons höchstes Gebäude und ein bewusster Konterpart zum Entdeckerdenkmal Padrão dos Descobrimentos ➤ S. 52. Der 500 Jahre nach Vasco da Gamas Landung in Indien errichtete Gitterturm erinnert an ein Karavellensegel. Seit oben im Panoramarondell der mit Michelinsternen gekrönte Gastrotempel Fifty Seconds ➤ S. 72 eröffnet hat, darf man 25 Jahre nach der Expo jetzt sogar wieder hoch! Ansonsten bietet sich ein stilvoller Aperitif auf der Barterrasse des direkt an den Turm gebauten Hotels ❾ Myriad an. Die höheren Preise werden zweifach wettgemacht: mit Gratissnacks und dem Gefühl, praktisch im Fluss zu sitzen, die elegante Vasco- da-Gama-Brücke im Blick. *Am Tejo entlang und*

durch das Centro Comercial Vasco da Gama ➤ S. 83
geht's zurück zum ❶ Gare do Oriente. Fürs Nachtleben sollte man zurück ins Zentrum – richtiges Nightlife ist auf dem Ex-Expo-Areal nicht eingezogen …

❶ Gare do Oriente

❸ BUMMEL DURCH DIE OBERSTADT

- ➤ Die Miradouros – Aussichtsbalkone auf die Stadt
- ➤ Historischer Elevador und neue Mode
- ➤ Läden und Cafés zum Stöbern und Entspannen

📍	Praça dos Restauradores	🏁	Largo do Carmo
→	3 km	🚶	½ Tag, reine Gehzeit 45 Minuten
ℹ️	Kosten: 11,95 Euro (ÖPNV-Tagesticket 6,95 Euro, ❾ Convento dos Cardães 5 Euro) zzgl. Verpflegung		

MIT DEM AUFZUG ZUM PRACHTBLICK

Die Tour startet an der ❶ Praça dos Restauradores
➤ S. 40. *Ein paar Schritte die Prunkmeile Avenida da Liberdade hoch wartet meist schon die gelbe Standseilbahn* ❷ Elevador da Glória ➤ S. 40, *die dich bequem hinauf in die Oberstadt bringt, vorbei an der* Straßenkunst-Galerie der Stadt, wo sich Graffitikünstler offiziell austoben dürfen. *Neben der Bergstation liegt die Aussichtsterrasse* ❸ Miradouro São Pedro de Alcântara
➤ S. 43 mit einem traumhaften Blick hinüber zum Castelo de São Jorge ➤ S. 34. *Weiter geht es ein Stück bergauf in die Rua Dom Pedro V. in den feineren Teil des* Bairro Alto *mit schönen alten Stadtpalästen, exklusiven Antiquitätengeschäften und interessanten Designläden. Im* ❹ Kloster São Pedro de Alcântara *zur Linken ist ein Blick in die Kirche und die mit wunderschönen Marmorintarsien ausgekleidete Kapelle gratis. Wenige Schritte weiter ist die Jugendstilbäckerei* ❺ Padaria

❶ Praça dos Restauradores

❷ Elevador da Glória

❸ Miradouro São Pedro de Alcântara

❹ Kloster São Pedro de Alcântara

❺ Padaria São Roque

São Roque (Nr. 57), auch *Catedral do Pão* (Brotkathedrale) genannt, ein Blickfang und zudem ideal für eine leckere *Natas*-Pause. Einer der interessantesten Klamottenläden auf der Designermeile ist ❻ Kolovrat *(Mo–Sa 11–19 Uhr | Rua Dom Pedro V 79 | Facebook: Lidija Kolovrat)*. Die gebürtige Bosnierin Lidija Kolovrat entwirft originelle Stücke, z.B. Kleider in Blätteroptik und witzige Oberarmtaschen. Du bist jetzt im Príncipe Real, dem Designviertel der Stadt und Zentrum der LGBTQ-Community.

INSIDER-TIPP
Originelle Mode

SHOPS, KLÖSTER UND AUSBLICKE

Einen Katzensprung weiter liegt der lauschige ❼ Stadtpark von Príncipe Real. Und das auffällige, zinnengeschmückte Gebäude auf der anderen Straßenseite? Der neomaurische ehemalige Adelspalast beherbergt heu-

❻ Kolovrat

❼ Stadtpark von Príncipe Real

te die **8** **Embaixada** *(embaixadalx.pt)* („Botschaft"), eine hochpreisige Mini-Mall u. a. mit der Gelegenheit, einen gepflegten Gin zu trinken. Im **Ecolã-Shop** gibt es zeitlose Jacken, Taschen und Accessoires aus wasserabweisendem *burel* (Loden made in Portugal). *Weiter geht's jetzt die ruhige Rua do Século bergab, vorbei an schönen Architekturensembles aus dem 17. Jh. und dem kleinen, aber feinen Ladenbistro* **Mercearia do Século** *(Di–Sa 19–22.30 Uhr | Rua do Século 145 | €),* das leider nur noch abends geöffnet hat – vormerken zum Wiederkommen! Hinter Hausnummer 123 verbirgt sich das Karmeliterkloster **9** **Convento dos Cardães** *(Mi–Mo 13–17 Uhr | conventodoscardaes.com),* das nicht nur das Erdbeben von 1755 überlebte, sondern auch die Auflösung der Klöster 1834! *Am Ende der Straße geht es links ein Stück die Calçada do Combro hoch, dann rechts auf der Rua Marechal Saldanha zum* **10** **Miradouro de Santa Catarina** ➤ S. 44. Vor Kurzem wurde dieser Treff der alternativen Reggae- und Gitarrenklampf-Community eingezäunt und „gentrifiziert", der weite Blick über den Tejo mit der Ponte 25 de Abril ➤ S. 54 und der Cristo-Rei-Statue ➤ S. 53 auf

8 Embaixada

9 Convento dos Cardães

10 Miradouro de Santa Catarina

Shopping in der Embaixada: nobles Ambiente, noble Preise

⑪ Noobai Café

der anderen Seite ist aber geblieben. Wie ein Vogelnest hängt das ⑪ **Noobai Café** *(tgl. 10–0 Uhr | noobaicafe. com)*, in das man übers Dach hineinklettert, am Miradouro. Genießt hier einen starken *cafézinho* mit Traumblick.

LITERATUR UND KAFFEE

Zurück in der Calçada do Combro biegst du nach rechts ab, vorbei am charmanten **Elevador da Bica** (dem kleinsten der Stadt!) zum Platz des Nationaldichters

⑫ Largo de Camões
⑬ Rua Garrett

⑫ **Largo de Camões**, ein beliebter "junger" Treffpunkt zwischen Bairro Alto und Chiado. In der ⑬ **Rua Garrett** ist immer viel los, zwischen historischen Fassaden edler Juweliere, der weltältesten Buchhandlung, der **Livraria Bertrand** *(Nr. 73–75)*, und dem brasilianischen Flipflop-Kultladen **Havaianas** *(Nr. 42)*. *Von der originell bepflasterten Straße führt links die Calçada do Sacra-*

⑭ Largo do Carmo

mento hoch zum lauschigen ⑭ **Largo do Carmo** mit der Klosterruine **Igreja do Carmo** ➤ S. 44 und Cafés unter Jacarandabäumen. *Descansa um bocado! –* Ruh dich ein wenig aus …

Das Museu do Aljube erinnert an die Gräueltaten der Salazar-Diktatur

❹ STREIFZUG DURCH DIE ALFAMA

➤ Mittelalterliches Gassengewirr
➤ Eintauchen in Lissabons maurische Vergangenheit
➤ Unterwegs in der Heimat des Fado

📍 Largo de Santo António

🏁 Conserveira

→ 2 km

🚶 ½ Tag,
reine Gehzeit
45 Minuten

ℹ️ Kosten: 11,50 Euro (❷ **Museu Antóniano** 3 Euro, Toilette 0,50 Euro, Wandelgang der ❸ **Kathedrale Sé** 5 Euro, ❹ **Museu do Aljube** 3 Euro) zzgl. Verpflegung

ALTES GEMÄUER, DAS VIEL ZU ERZÄHLEN HÄTTE

Los geht's am ❶ Largo de Santo António. Auf dem Platz steht der Lieblingsheilige der Lisboetas: der hl. Antonius, in Bronze gegossen und mit dem Jesuskind im Arm. Hier wurde Antonius geboren; die Igreja de Santo António soll der Legende nach auf den Resten seines Elternhauses errichtet worden sein. Auch im frisch aufgehübschten ❷ Museu Antóniano *(Di–So 10–18 Uhr)* nebenan dreht sich alles um den Heiligen, der zuständig ist für Liebende, verlorene Objekte – und aussichtslose Fälle! Gut zu wissen: Praktisch gegenüber liegen die saubersten und charmantesten öffentlichen Toiletten der Stadt *(tgl. 9.30–13, 14–17.30 Uhr)* ... Am Berg erhebt sich die älteste Kirche Lissabons, die trutzige ❸ Kathedrale Sé ➤ S. 32. *Wer die Straßenbahnschienen weiter verfolgt, stößt links auf das* ❹ Museu do Aljube ➤ S. 32; *das ehemalige Geheimdienstgefängnis der skrupellosen Salazar-Diktatur ist jetzt als Museum öffentlich zugänglich. Originelles Kunsthandwerk gibt's auf der gleichen Straßenseite im schönen Kunsthandwerksladen ❺ Chi Coração *(Rua Augusto Rosa 46 | chicoracao.com)*, der allerdings nur Do–Sa geöffnet ist.

❶ Largo de Santo António

❷ Museu Antóniano

❸ Kathedrale Sé
❹ Museu do Aljube

❺ Chi Coração

IM SCHATTEN DER BURG

Jetzt hat die doppelstöckige Terrasse des angesagten – und etwas versteckten Hotels ❻ **Memmo Alfama** geöffnet – mit fabulösen Ausblicken beim Milchkaffee; einfach an der Rezeption fragen, ob man auf die *esplanada* darf. Wenn das nicht klappt, könnt ihr in dieser Gasse zumindest eine der ersten und sehr typischen Arbeiten des Street-Art-Künstlers Vhils bewundern – findet ihr sie? *Zurück auf der Rua Augusto Rosa führt links die Rua da Saudade vorbei an den Ruinen des römischen Stadttheaters aus der Zeit, als Lissabon noch Olisipo hieß. Die Alfama diente den arabischen Herrschern ab dem 8. Jh. als Medina, das Castelo de São Jorge ➤ S. 34 als Verteidigungsfestung. Rechts an den Burgmauern entlang geht es durch das rote Tor der Nobelherberge Palácio Belmonte, links bergab, dann rechts hinunter zum* ❼ **Largo das Portas do Sol**, bewacht vom Schutzheiligen Lissabons, São Vicente, in Stein gehauen mit einer Karavelle im Arm.

Hungrig? Unter der Woche ist das günstige Buffet im ❽ **Gartencafé** des **Museu de Artes Decorativas**

INSIDER-TIPP
Pssst, geheime Street-Art

❻ Memmo Alfama

❼ Largo das Portas do Sol

❽ Gartencafé

➤ S. 34 ein Geheimtipp. *Gegenüber geht's entlang der alten arabischen Stadtmauer* ❾ **Cerca Moura** *die Treppen der Rua Norberto Araújo hinunter ins Gassengewirr.* Die Häuser sind geschmückt mit Töpfen voll blühender Geranien, in Käfigen zwitschern Kanarienvögel, Wäsche und Girlanden flattern im Wind. *Über die Calçada da Figuera und den Beco da Corvinha geht es weiter bergab zur* reich ausgestatteten, leider selten geöffneten *Kirche* ❿ **São Miguel**. Zur Rechten grüßt eins der ältesten Häuser der Alfama, bordeauxrot, mit vorspringendem Obergeschoss. *Rechts entlang der Rua de São Miguel biegst du vor der* **Torre de São Pedro de Alfama** *nach links bergab:* An den freigelegten Mauerschichten kann man die Stadtentwicklung ablesen. Irre: Auf dem winzigen Felsvorsprung stand mal ein ganzes Haus! *Rechter Hand geht's vorbei am alten Königsbrunnen* ⓫ **Chafariz d'El Rei**. An den Pumpen stand man zur Zeit der Entdeckungsreisen nach Stand, Geschlecht und ethnischer Zugehörigkeit geordnet an. Auch der architektonische Blickfang ⓬ **Casa dos Bicos** ➤ S. 32 stammt aus Portugals goldener Epoche. Und in der *Rua dos Bacalhoeiros* findest du in der ⓭ **Conserveira** (Nr. 34) bunte Fischkonserven: originelle Souvenirs.

❾ Cerca Moura

❿ São Miguel

⓫ Chafariz d'El Rei

⓬ Casa dos Bicos

⓭ Conserveira

São Vicente, der Schutzheilige Lissabons, bewacht den Largo das Portas do Sol

GUT ZU WISSEN

DIE BASICS FÜR DEINEN STÄDTETRIP

ANKOMMEN

ANREISE

Viele Fluggesellschaften fliegen Lissabon direkt an. Über Suchmaschinen wie *Skyscanner* oder direkt bei den Airlines bekommst du einen Flug ab 250 Euro mit TAP, Lufthansa, Easyjet, Ryanair oder Eurowings. Die Flugzeit ab Frankfurt/Main beträgt ca. 2 ½ Std. Der Flughafen Humberto Delgado liegt keine 10 km nördlich vom Stadtzentrum; die Planungen für einen Ergänzungsflughafen auf dem anderen Flussufer sind derzeit gestoppt.

 – 1 Stunde Zeitverschiebung

In Portugal gilt die Greenwich-Zeit. Es ist dort also eine Stunde früher als in Mitteleuropa

Pandemiebedingt waren die Nachtzüge über Irun/Hendaye bzw. Madrid zuletzt nicht im Einsatz. Wer einen Lissabon-Besuch mit anderen europäischen Stationen verbinden kann, ist mit einem Interrail-Ticket gut dabei.
Ein günstiger Flixbus (100–150 Euro, *flixbus.de*) braucht für die Strecke ab Frankfurt/M. ca. 37 Stunden.
Metroanschluss vom Flughafen z. B. zum Rossio: rote Linie bis Alameda, dort in die grüne umsteigen *(Fahrt 1,50 Euro, plus 50 Cent für eine Kombikarte, s. Öffentl. Verkehrsmittel)*. Der AERO-Shuttlebus in die City startet vor der Ankunftshalle *(tgl. 8–23 Uhr alle 20 Min. | 4, online 3,60 Euro | aerobus. pt)*, nur in diesem Bus werden große Koffer mitgenommen. Der Shuttle war pandemiebedingt nicht in Betrieb. Wann es weitergeht, stand Anfang 2023 noch nicht fest. Alternative für Leichtgepäck-Reisende: Bus 744 von Restauradores zur Praça Aéroporto.

Macht gut was her: Bahnhof Oriente im Park der Nationen

Ein Taxi in die City kostet um die 20 Euro, die Taxi-Voucher von der Touristeninfo in der Ankunftshalle lohnen sich mit 16–21 Euro nur bedingt. Achtung: Bei Taxifahrten kommt Nepp vor, deshalb besser zum Taxistand der Abflughalle *(Partidas)* gehen. Dorthin kannst du auch ein Uber-Taxi bestellen, wenn du die Uber-App auf dem Smartphone hast. Auch Cabify, Bolt und Kapten sind in Lissabon aktiv.

NSIDER-TIPP
Ohne Abzocke ins Hotel

GEPÄCK
Flugzeug landet um 9 Uhr morgens, Airbnb-Check-in ist erst nachmittags möglich? Kein Thema: Es gibt überall Möglichkeiten, sein Zeug abzuladen. 24 Stunden zugänglich sind die Schließfächer *(citylockers.pt)* an der Praça da Figueira und Martim Moniz. Kommerzielle Anbieter: *Dropbags & Go* neben der Anjos-Metrostation, die

Drogerie von *Dona Laurinda* in der Partymeile der Mouraria *(Rua São Cristóvão)* und *Luggage Hero (Rua Áurea 263)* beim Elevador de Santa Justa.

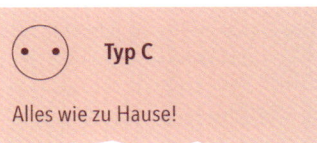

Typ C

Alles wie zu Hause!

MOBIL SEIN

In der Stadt bringt Selbstfahren nur Stress: wenig Parkplätze, enge Straßen voller Passanten, genervte Lissabonner, häufig sind die Straßen verstopft. Die grüne Versicherungskarte ist Pflicht. Taxifahren ist günstig, es gibt ein gutes städtisches Verkehrsnetz und Tuk-Tuks. Uber und Bolt – hier TVDE genannt – funktionieren gut; am besten Preise vergleichen und ein bisschen Zeit einplanen; gerade Uber-Fahrten werden manchmal ohne Erklärung gecancelt. Das neuste ist die *Lime S-App* für schnittige Roller.

ÖFFENTLICHE VERKEHRSMITTEL

Die *Carris* ist Betreiber der Stadtbusse, Eléctricos (Straßenbahnen, zu erkennen am E hinter der Liniennummer) und Elevadores (Aufzüge). Streckenpläne findest du an Bushaltestellen oder unter *carris.pt*. Die U-Bahn (Metro, *metrolisboa.pt*) ist schnell und bequem, Züge fahren von 6.30 bis 1 Uhr. Wer das Ticket an Bord kauft, zahlt für eine Busfahrt in der Innenstadt 2, für die Tram 3 und für die Metro 1,50 Euro. Am praktischsten und günstigsten sind aufladbare Chipkärtchen für alle Verkehrsmittel. Die weiße oder grüne *7-colinas* oder *viva-viagem*-Karte kostet 50 Cent, zum Aufladen *(zapping)* ab 5 Euro. Du bekommst sie an den Metrostationen, in der Casa da Sorte (Praça da Figueira) und Postämtern. Überall dort kannst du die Karte auch wieder aufladen. Der Zapping-Modus ist praktisch, wenn du auch mal die Vorortszüge und die Pendlerfähre nehmen willst. Ein Tagesticket für Metro, Straßenbahnen (inkl. 28E), Busse, Standseilbahnen und Elevadores kostet 6,95 Euro inkl. einer wiederaufladbaren *Viva Viagem*-Karte. Die Automaten an den Metrostationen bieten ein englischsprachiges Menü (Kleingeld bereithalten!) und manchmal sogar Personal zur Hilfestellung.

Online oder bei den *Turismos* bekommst du die *Lisboa Card*, mit der du kostenlos alle öffentlichen Transportmittel benutzen kannst. Außerdem ist der Eintritt in Museen und Sehenswürdigkeiten gratis oder mit Rabatt. Sie kostet für 24 Std. 21 Euro, für 48 Std. 35 Euro und für 72 Std. 44 Euro.

Personenfähren verkehren im 20-Minuten-Takt ab ca. 5.30 bis ca. 2 Uhr. Fährstationen am Cais do Sodré, Terreiro do Paço und in Belém. Tickets auf die andere Seite des Tejo kosten je nach Ziel zwischen 1,15 Euro und 2,70 Euro. Achtung: Nach Trafaria und P. Brandão geht die letzte Fähre schon um die 21 Uhr *(transtejo.pt)*. Neu sind die Wassertaxis *(Tel. 961668133 | Facebook: rioparanaochorar)*; Preisbeispiel: von Doca de Santo Amaro zum Restaurant *Atira-te ao Rio* (S. 72) hin und zurück 15 Euro.

Vorortszüge *(Comboio suburbano):* Die Züge nach Estoril/Cascais fahren im 20-Minuten-Takt ab Cais do Sodré, Ticket 2,20 Euro, die Fahrt nach Cascais (über Stationen mit Strand-Infrastruktur wie z. B. Carcavelos) dauert ca. 35 Minuten. Die Züge nach Sintra verkehren im 20-Min.-Takt ab Bahnhof Rossio, Fahrtzeit 45 Min., Ticket 4,60 Euro (hin und zurück), *cp.pt*. Unbedingt vorher die Zapping-Karte kaufen, um nicht in der langen Schlange zu stehen! Es gibt verschiedene Kombitickets mit Zug/Bus und Palästen, wie die Sintra Green Card. Eine Alternative ist das neue 10,70-Euro-Ticket: 24 Std. für alle Lissabonner Verkehrsmittel plus Sintra und Cascais.

Die Carris betreibt auch Metropolitana-Busse zur Costa da Caparica und ihren kilometerlangen Stränden; Kostenpunkt ca. 8 Euro hin und zurück. Carris-Beach Shuttle in der Saison *(10 Euro, drei Hin- und Rückfahroptionen).*

MIETFAHRZEUGE

Alle großen Anbieter *(Hertz, Avis,* etc.*)* sind in Lissabon vertreten, aber Geld lässt sich sparen bei *Europcar* am Flughafen und am Santa-Apolónia-Bahnhof *(europcar.com)*. Es genügt ein deutscher Führerschein. Achtung: Warnwesten- und Gurtpflicht! Hohe Strafen! Tempolimits: auf Landstraßen 90 km/h, auf Autobahnen 120, bei Führerscheinbesitz unter einem Jahr 90 km/h. Promillegrenze: 0,5. Scooter verleiht u. a. *Lx Rent a Scooter (tgl. 9.30–18.30 Uhr | Campo das Cebolas 21 | lxrentascooter.pt)*

TAXI

Taxifahren in Lissabon ist günstig. Die Taxis sind meist schwarz mit grünem Dach. Taxiruf: *Radio Taxis de Lisboa | Tel. 2 18 11 11 11.* Der Taxameter wird beim Start auf 3,90 Euro geschaltet, Gepäck (1,60 Euro) und Taxiruf (0,80 Euro) kosten extra. Schwarze Schafe, die einen übers Ohr hauen möchten, gibt es vor allem am Flughafen leider immer noch. Bestehe darauf, dass der Taxameter eingeschaltet wird, und mach im Zweifel ein Foto von der Lizenz des Fahrers.

TUK-TUK

Die asiatisch inspirierten, bunt bemalten Tuk-Tuk-Wägelchen, die durch die engste Gasse passen, haben die Stadt erobert und warten an der Kathedrale, entlang der Rua de Julião in der Baixa oder der Rua Garrett im Chiado, sowie am Cais do Sodré. Nimm unbedingt die elektrisch betriebene, geräuschlose Variante, etwa von *Ecotuktours (eco tuktours.com)*.

VOR ORT

AUSKUNFT IN LISSABON

TOURISTINFORMATIONEN (TURISMOS)

– *Palácio Foz | Praça dos Restauradores | Tel. 2 13 64 33 14 | askmelisboa.com | tgl. 10–18 Uhr | Metro (blau) Restauradores*

– *Flughafen Humberto Delgado (Ankunftshalle) | Tel. 2 18 45 06 60 | tgl. 7–24 Uhr*

– *Bahnhof Estação de Santa Apolónia (Terminal Internacional) | Tel. 2 18 82 16 06 | Mo–Sa 8–13 Uhr*

– *Lisboa Welcome Center | Praça do Comércio | Tel. 2 10 31 28 10 | tgl. 9–20 Uhr | Metro (blau) Terreiro do Paço*

BANKEN & KREDITKARTEN

Banken sind *Mo–Fr 8.30–15 Uhr* geöffnet. Mit EC-Karte bekommst du an Automaten *(Multibanco)* Geld; die häufigen, blau-gelben EURONET-ATMs sind übersichtlicher in der Anwendung (und teurer) als die portugiesischen Multibancos. Ausländische Kreditkarten werden meist nur in großen Läden, Restaurants, Hotels etc. akzeptiert. In kleinen Läden und bei Taxifahrern bricht spätestens bei 50-Euro-Scheinen die Wechselgeldkrise aus.

FEIERTAGE

1. Jan.	Neujahr
Feb./März	*Carnaval/Entrudo* (Faschingsdienstag)
März/April	*Sexta-feira Santa* (Karfreitag)
März/April	*Páscoa* (Ostern)
25. April	*Dia da Liberdade* (Tag der Freiheit)

1. Mai	Tag der Arbeit
Mai/Juni	Fronleichnam
10. Juni	*Dia de Portugal/Dia de Camões*
15. Aug.	Mariä Himmelfahrt
5. Okt.	Tag der Republik
1. Nov.	Allerheiligen
1. Dez.	*Dia da Restauração*
8. Dez.	Mariä Empfängnis
25. Dez.	Weihnachten

POST

Öffnungszeiten der Postämter: *Mo–Fr 9–18 Uhr.* Hauptpostamt an der *Praça dos Restauradores* | *Mo–Fr 8–22, Sa/So 9–18 Uhr.* Briefmarken *(selos)* gibt es auch an Automaten und in Tophotels. Briefe heißen *cartas*, Postkarten *postais*. Das Porto für Briefe wie Karten in den EU-Raum beträgt 95 Cent. Achtung: Manch gewiefter Souvenirladen verkauft sie für 1 Euro oder mehr, der Wert steht nicht auf der Marke! Briefkästen sind rot, Expresspost *(Correio Azul)* (kostet mehr) blau. Post nach Deutschland dauert 3–5 Tage.

STADTTOUREN

– *African Lisbon Tour:* Lissabons Geschichte ist stark durch die afrikanische Präsenz geprägt. Der junge Togolese Naky führt eine internationale Crowd zu den spannenden Orten dieser häufig dramatischen Story. Für seine Arbeit hat er schon einen Community Healer Award bekommen. *Wechselnde Tage und Uhrzeiten* | *Treffpunkt Praça do Comércio* | *aficanlisbontour.com*

– *Bike iberia:* Biketouren durch die Stadt, auch (E-)Bike-Verleih. Dein Rad wird dir auch ans Hotel gebracht. Wie wär's mit der City-Strand-Kombi: Nach Belém radeln, dort die Trafaria-Fähre nehmen, so kommt man schnell zum São-João-Strand

INSIDER-TIPP

Geniale Fahrrad-Schiff-Kombi

an der Costa da Caparica. *Tgl. ab 9.30 Uhr* | *Largo Corpo Santo 5* | *Tel. 2 13 47 03 47* | *Tel. 9 69 63 03 69* | *bike iberia.com*

– *Halcyon I:* Die schön restaurierte Holzyacht „Halcyon I" startet zu Segeltouren: Exklusivtörns von den Docas zu Füßen der Alfama für kleine Gruppen (ab 2 Pers.). Es wird täglich gesegelt, kontaktier einfach Skipper Luis! Oder wie wär's mal mit einem Silvester-Feuerwerkstörn? *Nach Voranmeldung* | *ab 45 Euro* | *Doca de Alcântara* | *Pier 701* | *Tel. 9 13 67 19 56* | *Eléctrico 15 Cais da Rocha* | *Vorortszug von Cais do Sodré: Santos* | *Bus 714 Praça da Armada, nach Holzpavillon Ausschau halten*

– *Hippotrip:* 👥 Das gelbe Amphibienfahrzeug pflügt nach einer Stadtrundfahrt (auf Straßen) durch den Tejo, mit Kommentaren auch auf Englisch. Für Kinder gibt's Sitzerhöhungen. *Tgl.* | *30, Kinder (ab 2 J. erlaubt) 18 Euro* | *Doca de Santo Amaro* | *Tel. 2 11 92 20 30* | *hippotrip.com* | *Eléctrico 15 Alcântara Mar*

– *Lisboa Autêntica:* originelle Stadtführungen eines jungen engagierten Teams, auch auf Deutsch: z. B. „Lissabon – Das Essenzielle" mit praktischen Tipps *(3 Std.* | *150 Euro für 1–4 Teilnehmer inkl. Getränk, Süßspeise und ÖPNV* | *Voranmeldung nötig).* Oder radel die Hügel der schönen Serra de Sintra hoch – mit einem E-Bike ein Klacks! *Tel. 9 13 22 17 90* | *Tel. 9 69 23 38 91* | *lisboautentica.com/de*

– *Lisbon by Boat:* Auf diesen Flusstouren in sympathischer Begleitung werden die Infos zur Stadt mit leckeren Azorenkäse-Häppchen garniert, plus Bier, Kaffee oder Tee. Und wenn der Wind weht, wird sogar das Segel gehisst. Gut mit einem Belém-Tag zu verbinden: Den Bus mit dem Ticketverkauf und den Anleger in der Marina (Doca de Belém) findest du direkt auf der linken Seite, wenn du, vom Hieronymuskloster kommend, von der Unterführung hochsteigst. *lisbonbyboat. com*

– *Lisbon for Kids:* 👥 private Stadtführungen für Familien, auch auf Deutsch. Ideal die „Essential"- (Baixa, Chiado, Bairro Alto) oder die „Genuine"- (Mouraria, Castelo, Alfama) Tour: *4 Pers., 3 Std. 195 Euro.* Außerdem Babysitting *(8–20 Euro/Std.),* Verleih von Buggies etc. *Tel. 9 12 80 06 47 | lisbonforkids. com*

– *Migrantour:* Ungewöhnlich und spannend, die Stadt mit den Augen der Neu-Lissabonner zu erleben. Diese Stadtführungen mit Migrationshintergrund werden von der sehr aktiven Nachbarschaftsorganisation des vormals ziemlich runtergekommenen aktuellen Kultviertels Mouraria angeboten. *Ab 2 Pers. buchbar (Engl.) | re novaramoura ria.pt, mygrantour.org*
Wild Walkers: 👁 So „wild" sind diese Stadtführungen (Engl.) gar nicht, aber originell und engagiert. Mo, Mi, Fr geht's durchs moderne Lissabon, Do, Sa, So durch die Altstadt. Das Ganze läuft auf Trinkgeldbasis *(Richtwert: 4–5 Euro). Tgl. 10.30 Uhr | Treffpunkt Rossio, Brunnen vor der Statue (achte auf das rote T-Shirt) | wildwalkers.eu |*

Metro (grün) Rossio. Die „Wilden Wanderer" bieten Mi, Sa, So *(Treffpunkt Rossio, 20.30 Uhr)* einen Fadoabend an (Festpreis inkl. Abendessen 30 bzw. 25 Euro für Walk-Teilnehmer). Um 23 Uhr findet das „Kneipenkriechen" (Pub Crawl) im Bairro Alto statt, gut für einen ersten Überblick über die Szene *(Treffpunkt Largo Luis de Camões | Sommer tgl., Winter Mo, Mi–Sa, | 15 Euro inkl. Getränke | Metro (blau, grün) Baixa-Chiado). | 🕮 a4*

WAS KOSTET WIE VIEL?	
Wein	15 Euro *für eine Flasche Hauswein*
ÖPNV	6,95 Euro *Tageskarte*
Espresso	0,60–1,50 Euro *für eine Tasse*
Kuchen	1–4 Euro *für ein Stück*
CD	12 Euro *CD mit portugiesischer Musik*
Fado	30 Euro *Mindestverzehr im Fadolokal*

TELEFON & HANDY

EU-weit wurden Roaminggebühren abgeschafft. Dies bedeutet nicht, dass eine Flatrate für das deutsche Netz auch automatisch eine Flatrate für das portugiesische Netz ist. Fürs mobile Surfen gelten die Konditionen deines Vertrags und Anbieters. Batterie leer? Eine Powerbank in der Handtasche ist eine gute Anschaffung (z.B. bei *voda fone* oder *fnac*). Wer im Café höflich nach einer *tomada* (Steckdose) fragt, dürfte meistens Erfolg haben. *Telefonvorwahl nach Portugal: 00351, nach Deutschland: 0049, nach Österreich: 0043, in die Schweiz: 0041.*

TRINKGELD

Die Portugiesen sind zwar keine Trinkgeldgeier, freuen sich aber natürlich trotzdem über eine *gorjeta* für guten Service. Als Richtwert im Restaurant gelten 10 Prozent des Rechnungsbetrags; mittags oder im Café ist etwas weniger auch vollkommen okay. Seit 2022 erscheint bei manchen Restaurants automatisch ein Aufschlag von 5 Prozent *(gratificação)* auf der Rechnung, den man zahlen kann, aber nicht muss.

VORVERKAUF

Karten für Kultur- und Sportveranstaltungen sind hier erhältlich:
– *ABEP-Kiosk (Praça dos Restauradores | Av. da Liberdade | nahe der Hauptpost und dem Turismo | Metro (blau) Restauradores)*
– *Fnac (Armazéns do Chiado | tgl. 10–23 Uhr | fnac.pt | Metro (blau, grün) Baixa-Chiado)*

WLAN

Gratis-WiFi verbreitet sich auch in Lissabon immer mehr. Wer online ist, hat Zugang zu allen wichtigen und vor allem aktuellen Stadtinfos. Wo es kein WLAN gibt: vodafone *(vodafone.pt)* z. B. bietet für 20 Euro ein Paket mit 10 GB, plus 500 Minuten für nationale sowie 30 Minuten für internationale Anrufe/SMS.

NOTFÄLLE

DIPLOMATISCHE VERTRETUNGEN

BOTSCHAFT DER BUNDESREPUBLIK DEUTSCHLAND
Campo dos Mártires da Pátria 38 | Tel. 2 18 81 02 10 | Mo–Fr 9–12 Uhr | Notfall-Tel. 9 65 80 80 92 | lissabon.diplo.de | Metro (blau) Restauradores | dann Elevador da Lavra | Bus 760, Mártires da Pátria

ÖSTERREICHISCHE BOTSCHAFT
Av. Infante Santo 43 | 4. Stock | Tel. 2 13 94 39 00 | Mo–Fr 9.30–13 Uhr, nach Voranm. auch bis 17 Uhr | Notfall-Tel. 9 62 51 41 11 | embaixadada austria.pt | Bus 720–738 Av. Infante Santo (Gasómetro)

SCHWEIZERISCHE BOTSCHAFT
Konsularische Angelegenheiten (Visa, Ausweise) nur über Madrid. *Travessa do Jardim 17 | Tel. 2 13 94 40 90 | Mo–Fr 9–12 Uhr | eda.admin.ch/lisbon | Eléctrico 25, 28 R. Domingos Sequeira*

MEDIZINISCHE NOTFÄLLE

Die europäische Krankenversicherungskarte EHIC gilt auch in Portugal. Die Adressen Deutsch sprechender Ärzte kannst du bei den Botschaften erfragen. Bei den privaten *hospitais* wird deine Kreditkarte belastet. Eine Notfallstation mit 24-Stunden-Dienst (bei Bagatellen allerdings mit extrem langen Wartezeiten) ist das *Hospital de São José (Rua José António Serrano | Tel. 2 18 84 10 00 | Metro Martim Moniz).*

NOTRUF

Polizei und Unfallhilfe: Tel. 1 12 (landesweit)

POLIZEI

Es gibt eine Polizeiwache speziell für Touristen *(PSP-Esquadra de Turismo | tgl. 10–18 Uhr | Tel. 2 13 42 16 23 | Palácio Foz | neben dem Turismo am Praça dos Restauradores | Metro (blau) Restauradores)* und eine weitere in der *Rua da Prata 68*. Rund um die Uhr geöffnet hat die Wache im Santa-Apolonia-Bahnhof sowie die Innenstadt-Esquadra der PSP in der *Rua da Prata 38*.

SICHERHEIT

Gemessen am europäischen Level ist die Kriminalitätsrate in Portugal nach wie vor gering, aber Taschendiebstahl hat zugenommen. Vorsicht gilt vor allem dort, wo es Gedränge gibt, etwa in der Linie 28 oder der Baixa-Fußgängerzone, in der Castelo-Gegend und in der Graça. Lass persönliche Dokumente im Hotel(-safe) und nimm nur so viel Bargeld mit, wie du brauchst.

WICHTIGE HINWEISE

ZOLL

Innerhalb der EU dürfen Touristen Waren für den persönlichen Verbrauch frei ein- und ausführen. Als Richtwerte gelten u. a. 800 Zigaretten und 10 l Spirituosen. Schweizer Touristen dürfen zollfrei einführen: 1 l Spirituosen, 5 l Wein und 250 Zigaretten.

WETTER IN LISSABON

🟥 Hauptsaison
🟫 Nebensaison

	JAN.	FEB.	MÄRZ	APRIL	MAI	JUNI	JULI	AUG.	SEPT.	OKT.	NOV.	DEZ.
Tagestemperaturen	14°	15°	17°	20°	21°	25°	27°	28°	26°	22°	17°	15°
Nachttemperaturen	8°	8°	10°	12°	13°	15°	17°	17°	17°	14°	11°	9°
☀️	5	6	6	9	10	11	12	11	9	8	6	5
🌂	11	8	11	7	7	2	1	1	4	7	9	11
〰️	14	14	14	15	16	17	18	19	19	18	16	15

☀️ Sonnenschein Stunden/Tag   🌂 Niederschlag Tage/Monat   〰️ Wassertemperatur in °C

SPICKZETTEL
PORTUGIESISCH

SMALLTALK

ja/nein/vielleicht	sim/não/talvez	ßiing/nau/tal'wesch
bitte	se faz favor	ß fasch fa'wor
danke	obrigado (m)/obrigada (f)	obri'gadu/obri'gada
Gute(n) Morgen!/Tag!/Abend!/Nacht!	Bom dia!/Bom dia!/Boa tarde!/Boa noite!	bong 'dia/bong 'dia/'boa 'tard/'boa 'noit
Hallo!/Tschüss!	Olá!/Ciao!	o'la/tschau
Ich heiße …	Chamo-me …	'schamu-me
Wie heißt du?/Wie heißen Sie?	Como te chamas?/Como se chama?	'komu te 'schamas/'komu se 'schama
Ich komme aus …	Sou de …	souh dö
Entschuldige!/Entschuldigen Sie!	Desculpa!/Desculpe!	disch'kulpa/disch'kulp
Wie bitte?	Como?	'komu
Das gefällt mir (nicht).	(Não) Gosto disto.	(nau) 'goschtu 'dischtu
gut/schlecht	bem/mal	bäi/mal

ZEIGEBILDER

ESSEN & TRINKEN

Die Speisekarte, bitte.	A ementa, se faz favor.	ah ih'menta, ß fasch fa'wor
Flasche/Glas	garrafa/copo	gar'raffa/'koppu
Salz/Pfeffer/Zucker	sal/pimenta/açúcar	ßall/pi'menta/a'ßuhkar
Essig/Öl	vinagre/azeite	wi'nahgre/a'säite
Messer/Gabel/Löffel	faca/garfo/colher	'faka/'garfu/kul'jer
Milch/Sahne/Zitrone	leite/nata/limão	'läite/'nahta/li'mau
mit/ohne Eis/Kohlensäure	com/sem gelo/gás	kong/ßäing 'schelu/gasch
Vegetarier(in)/Allergie	vegetariano, –a/alergia	weschetari'anu, –a/aller'schia
Rechnung	conta	konta
Ich möchte zahlen, bitte.	A conta, se faz favor.	ah 'konta, ß fasch fa'wor
bar/Kreditkarte	em dinheiro/com cartão de crédito	äi din'jäiro/kong kar'tau dö 'krehditu

NÜTZLICHES

Wo ist …?/Wo sind …?	Onde é …?/Onde são …?	'onde eh/'onde ßau
Wie viel Uhr ist es?	Que horas são?	keh 'orasch ßau
Es ist drei Uhr.	São três horas.	ßau tres 'orasch
heute/morgen/gestern	hoje/amanhã/ontem	'osche/amman'ja/'ontäim
Wie viel kostet …?	Quanto custa …?	'kuantu 'kuschta
Wo finde ich einen Internetzugang?	Onde há acesso à internet?	onde ah a'ßeßu ah 'internet
Hilfe!/Achtung!	Socorro!/Atenção!	ßu'korru/atten'ßau
Fieber/Schmerzen	febre/dores	'fehbre/'dohresch
Apotheke/Drogerie	farmácia/drogaria	far'mahßia/droga'ria
Verbot/verboten	interdição/proibido	interdi'ßau/prui'bidu
kaputt/funktioniert nicht	estragado/não funciona	ischtra'gadu/nau fung'ziona
Panne/Werkstatt	avaria/garagem	awa'riah/ga'rahschäing
Fahrplan/Fahrschein	horário/bilhete	o'rahriju/bil'jet
0/1/2/3/4/5/6/7/8/9/10/100/1000	zero/um, uma/dois, duas/três/quatro/cinco/seis/sete/oito/nove/dez/cem/mil	'säru/'ung, 'uma/'doisch, 'duasch/tresch/'kuatru/'ßinku/'ßäisch/'ßät/'oitu/'noww/'däsch/'ßäi/mil

LISSABON FEELING
ZUM EINSTIMMEN & AUSKLINGEN

LESESTOFF & FILMFUTTER

📖 LISSABON – IM LAND AM RAND

Zweisprachige Einführung ins Leben in Lisboa von der jungen Illustratorin Alexandra Klobouk, die ihr intensives Lissabon-Jahr in Buchform brachte (2015). Von ihr gibt's auch einen Superband zur portugiesischen Küche.

📖 PORTUGIESISCHE WAHRHEIT – EIN LISSABON-KRIMI

Hinter dem Pseudonym Luis Sellano steckt ein deutscher Autor mit Faible für Vinho Verde und Natas. Wie seine Vorgänger verrät auch dieser Band (2020) viel über die Stadt. Mit dem

Hörbuch tauchst du mit noch mehr Sinnen ein.

🎥 NACHTZUG NACH LISSABON

Der Verfilmung (2013 mit Jeremy Irons und Bruno Ganz) des Bestsellers von Pascal Mercier fehlt ein bisschen der philosophische Background. Aber die Bilder lassen das Lissabon des Salazar-Regimes wieder aufleben.

🎥 HEART OF STONE

Der actionreiche Netflix-Spionagethriller (2023) mit Israels Superstar Gal Gadot wurde zu weiten Teilen in der Altstadt Lissabons gedreht.

PLAYLIST QUERBEET

🔁 ⏮ ⏸ ⏭ 🔊 ━━━━━━━━
━━●━━━━━━━━━━━ 0:58

⏸ **SARA TAVARES** – PONTO DE LUZ
Melodischer Song der 1978 als Kind kapverdischer Eltern geborenen Creole-Soul-Sängerin mit der sanften, eindringlichen Stimme

▶ **RICHIE CAMPBELL** – SLOWLY
Ricardo Dias de Lima Ventura da Costa wuchs in Lissabon auf, zwischen Reggae und Dancehall, Mornas, Afrobeats und Hip-Hop

▶ **STEREOSAURO** – FLOR DE MARACUJÁ
Guten Abend, Tristesse! Gieß dir einen Portwein ein und gib dich Top-Fadosänger Camané hin, hier cool gesamplet. Special Guest: Amália Rodrigues

▶ **DEAD COMBO** – LISBOA MULATA
Eine Hommage der Modern-Folk-Veteranen an das multikulturelle, hippe Lissabon

*Den Soundtrack zum Urlaub gibt's auf **Spotify** unter **MARCO POLO Portugal***

Oder Code mit Spotify-App scannen

AB INS NETZ

PORTUGAL-REISEINFO.DE
In Lissabon boomt die Street Art; hier findest du unter *lissabon/sightseeing/streetart-tour-graffitikunst* Filetstücke wie die Kronos-Monster-Kreationen der Brasilianer Os Gemeos und viele anderes Pieces.

SPOTTEDBYLOCALS.COM
Englischsprachige iPhone-App der bewährten Spotted-By-Locals-Community: Wahl-Lissabonner teilen mit Enthusiasmus die Perlen, die sie in der Stadt finden: Restaurants, Märkte, Parks, Shops, Clubs etc.

MEETUP.COM
Neue Leute treffen und dabei auch noch was lernen: Das Meet-up-Phänomen aus den USA hat auch Lissabon erreicht. Ob Yoga-Lover, Naturfreunde, Geeks, für jeden ist was dabei. Die Treffen sind meist gratis.

SHAKEITPHOTO-APP
Mit dieser App von Banana Camera schießt ihr iPhone-Bilder wie mit der guten alten Polaroid, sogenannte „fauxlaroids". Für 2,29 Euro bei iTunes; für Android-Anhänger gibt's Polaroid Fx jetzt für lau.

TRAVEL PURSUIT
DAS MARCO POLO URLAUBSQUIZ

Weißt du, wie Lissabon tickt? Teste hier dein Wissen über die kleinen Geheimnisse und Eigenheiten von Stadt und Leuten. Die Lösungen findest du in der Fußzeile. Und ganz ausführlich auf den S. 20–25.

❶ Welche Religion ist in Lissabon am weitesten verbreitet?
a) Katholizismus
b) Benfiquismus
c) Sportingismus

❷ Was wird in Lissabons afrikanischen Clubs getanzt?
a) angolanischer Foxtrott & mozambikanischer Rumba
b) Kizomba & Kuduro
c) Pimba & Fado-Dance

❸ Worum geht's beim *convívio*?
a) gemütliches Zusammensein mit Familie und Freunden
b) Treffen zwischen Airbnb-Nutzern
c) generationenübergreifendes Wohnen

❹ Wie heißen die berühmtesten Lissabonner Street-Art-Künstler?
a) Banksy & Banksy
b) Cristiano und Ronaldo
c) Vhils und Bordalo II.

❺ Was ist Spaniens Connection zu den ganzen Wandfliesen in Lissabon?
a) Alle Azulejos werden heute in Spanien hergestellt
b) Die Azulejomode kamen über das maurische Spanien nach Lissabon
c) Die Spanier kaufen statistisch gesehen die meisten Souvenirkacheln

Bunt, fantasievoll, raumgreifend: Für Graffiti-Fans ist Lissabon ein Eldorado

❻ Mit welchem Produkt ist Portugal Exportweltmeister?
a) mit Personenaufzügen
b) mit Kork
c) mit Spezialhandschuhen für die Fischverarbeitung

❼ Woran litt der Nationaldichter Fernando Pessoa?
a) an Staubmilben-Allergie (von den ganzen Büchern)
b) an der mangelnden Intelligenz-seiner Mitbürger
c) an Alkoholproblemen

❽ Wer regiert Portugal?
a) König Marcelo I.
b) die sozialistische Partei PS
c) eine Militärjunta

❾ Worin drückt sich das portugiesische Nationalgefühl der *saudade* aus?
a) im Fischessen
b) im Frühsport
c) im Fado

❿ Wie heißt der berühmte portugiesische Wallfahrtsort?
a) Lourdes
b) Fátima
c) Estoril

⓫ Welcher Schutzpatron ist für verlorene Gegenstände zuständig?
a) der heilige António
b) die heilige Esmeralda
c) der heilige Eusebio

REGISTER

Ajuda 47
Alfama 20, **30**, 43
Altice-Arena 94
Amália-Rodrigues-Garten 70
Aqueduto das águas livres 55
Assembleia da República 45
Avenida 36
Avenida 24 Julho 91
Avenida D. Carlos I 94
Avenida da Liberdade **40**, 82, 86, 109
Avenida da Roma 82
Azoia 63
Azulejos **20**, 33, 35, 51, 56, 82
Bairro Alto 25, 30, 40, 42, **43**, 82, 87, 90, 94, 125
Bairro Padre Cruz 22
Baixa 30, **36**, 79, 82, 86
Basílica da Estrela 45, **46**
Belém **47**, 104, 108, 134, 136
Biodiversitätsroute (Rota da Biodiversidade) 55
BMAD.Berardo Museu Arte Deco 55
Borda d'Água 63
Brotéria 63
Cabo da Roca 62, 63
Cacilhas 30, 73
Cadeia do Aljube 129
Cais do Sodré 30, 90, 91, 94, 104, 134
Câmara Municipal 39, 110
Campo de Ourique 45, 68
Campo dos Mártires da Pátria 41
Caparica 63
Carcavelos 134
Casa dos Bicos **32**, 123, 131
Casa Fernando Pessoa 23, 86
Cascais **61**, 104, 110, 134
Castelo de São Jorge 30, **34**, 43, 120, 125, 130
Catedral da Sé **32**, 110, 119, 129
Cemitério dos Prazeres 46
Centro Cultural de Belém **99**, 109
Centro Interpretativo da História do Bacalhau 38
Centro Tejo 38
Chafariz d'El Rei 131
Chiado 30, **42**, 82, 86, 120
Chinatown 107, 108
Coliseu 94
Convento da Madre de Deus 59
Convento de S. Francisco 44
Cordoaria Nacional 109
Costa da Caparica 63, 134, 136
Cristo Rei **53**, 127
Cruz Alta 62
da Gama, Vasco 51
Doca de Alcântara 91, 94
Doca de Santo Amaro 91, 94
Docas 91
Edifício Mythos 123

Eléctricos (Straßenbahnen) **27**, 45, 118
Elevador da Baixa 120
Elevador da Bica 128
Elevador da Glória 30, **40**, 125
Elevador de Santa Justa **39**, 120
Elevador do Lavra 41
Elevadores (Aufzüge) 30, 40, 41
Estádio da Luz 106
Estádio José Alvalade 106
Estadio Restelo 106
Estoril **60**, 134
Estufas (Gewächshäuser) 41
Fado **20**, 97, 98
Fadomobil 120
Feira da Ladra 31, **85**
Flughafen Portela 132
Fonte da Telha 63
Fundaçao José Saramago 32
Gare do Oriente 122
Goethe-Institut (Instituto Alemão) 41
Graça 30, 110, 139
Igreja de Santa Engrácia 35
Igreja de Santo António 129
Igreja do Carmo **44**, 128
Igreja e Mosteiro de São Vicente de Fora 35
Igreja São Domingos 40
Igreja São Roque 43
Intendente-Platz 85
Jardim Bordallo Pinheiro 57
Jardím Botânico 42
Jardim Botânico da Ajuda 48
Jardim Braancamp 105
Jardim da Estrela 45
Kathedrale Sé **32**, 110, 119, 129
Kloster São Pedro de Alcântara 125
Lapa 45
Largo das Portas do Sol 33, 119, 130
Largo do Carmo 44, 128
Lisboa Story Centre 38
MAAT 48
Madragoa 45
Mãe d'Água 55
Manuelinik 50, 52
Marquês de Pombal 38, 105
Martim Moniz 27, 108
Marvila 22
Mercado Campo de Ourique 86
Mercado da Ribeira 86
Miradouro da Graça 34
Miradouro de Santa Catarina **44**, 74, 127
Miradouro de Santa Luzia 33
Miradouro São Pedro de Alcântara 40, **43**, 125
Miradouro Senhora do Monte 35
Mosteiro dos Jerónimos 47, **50**, 137
Mouraria 20, **30**, 43, 68, 109

Museu.Antóniano 129
Museu Calouste Gulbenkian 57
Museu da Cidade 57
Museu da Presidência 50
Museu de Marinha 51
Museu de São Roque 44
Museu do Aljube 32
Museu do Chiado 121
Museu do Fado **33**
Museu do Oriente 54
Museu do Tesouro Real 53
Museu Escola de Artes Decorativas 34
Museu Júlio Pomar 44
Museu Nacional de Arte Antiga 30, **47**
Museu Nacional de Arte Contemporânea do Chiado 44
Museu Nacional de Etnologia 50
Museu Nacional do Azulejo 20, **59**
Museu Nacional dos Coches 49
Nationaltheater Dona Maria II 40
Oceanário 58, 123
Oriente 58
Paços do Concelho 39
Padaria São Roque 125
Padrão dos Descobrimentos **52**, 124
Palácio Azurara 34
Palácio de Belém 48
Palácio de São Bento 45
Palácio dos Marqueses de Fronteira 56
Palácio Foz 40
Palácio Nacional da Ajuda 48, **53**
Panteão Nacional 35
Parque das Nações **58**, 94, 108, 110
Parque Eduardo VII **41**, 110, 111
Parque Florestal de Monsanto **55**, 110
Patio da Galé 38
Pavilhão Atlântico 58
Pessoa, Fernando **23**, 42, 51, 70
Ponte 25 de Abril **54**, 127
Ponte Vasco da Gama 58
Portas do Sol 33
Praça Dom Pedro IV 40
Praça da Figueira 39
Praça do Comércio **38**, 104, 118
Praça do Município 39
Praça dos Restauradores 30, **40**, 125
Praça Marquês de Pombal 40, 41
Praia de Santo Amaro 63
Príncipe Real 68, 126
Quake (Lisbon Earthquake Center) 48
Quinta do Mocho 22

Restelo 47
Ribeira das Naus 104
Rodrigues, Amália 21
Rossio 30, **40**, 118, 134
Rua Augusta 118
Rua da Conceição 79
R∟a de S. Bento 82
Rua Dom Pedro V. 82

Salazar, António 40, 54
Santos 94
São Carlos (Opernhaus) 42
São Vicente de Fora 31
Saudade 24
Sintra **62**, 104, 109, 134, 136
Teatro Nac. de São Carlos 101
Tejo 30, 33, 52, 53, 54, 58, 91

Terreiro do Paço 38, 134
Torre da Igreja do Castelo 34
Torre de Belém 23, 47, **52**, 104
Torre de São Pedro de Alfama
131
Torre Vasco da Gama 124
Ulisses-Turm 34
Vila Berta 31

LOB ODER KRITIK? WIR FREUEN UNS AUF DEINE NACHRICHT!

Trotz gründlicher Recherche schleichen sich manchmal Fehler ein. Wir hoffen, du hast Verständnis, dass der Verlag dafür keine Haftung übernehmen kann.

MARCO POLO Redaktion • MAIRDUMONT • Postfach 31 51 73751 Ostfildern • info@marcopolo.de

Impressum
Titelbild: Alfama, Miradouro das Portas do Sol (Schapowalow: R. Schmid)
Fotos: AWL: M. Abreu (56/57), M. Bottigelli (142/143), K. Kozlowski (26/27); DuMont Bildarchiv: M. Gumm (21, 60, 90/91, 111, 114/115); R. Freyer (85); Getty Images/Volvo Ocean Race: I. Roman (55); Gettyimages/EyeEm: G. Bakos (10); huber-images: W. Bertsch (36), S. Kremer (17, 121), S. Lubenow (2/3, 88), R. Schmid (45, 47, 69, 132/133), C. Seba (22); G. Knoll (39); laif: T. Gerber (78/79), M. Gumm (74, 127, 131), T. & B. Morandi (4, 52), D. Schwelle (64/65); laif/4SEE: L. F. Catarino (96, 99); laif/hemis.fr: Pierre Jacques (50/51); laif/Polaris: A. Isidoro (106/107); laif/SZ Photo: J. Giribas (75); Look: K. Johaentges (59, 73), H. Leue (108/109); Look/age fotostock (6/7); mauritius images/age (124); mauritius images/Alamy (8, 9, 32/33, 35, 95), P. Bernhardt (112/113), P. Delius (Klappe aussen, Klappe innen, 1), K. Foy (48), M. Gottschalk (11), M. Ramirez (41); mauritius images/Alamy/Alamy Stock Photos: B. Hofacker (76), M. Toccaceli (128); mauritius images/Alamy/Alamy Stock Photos/Travelstock44/ (100); mauritius images/Alamy/Jeffrey Isaac Greenberg 3 (87); mauritius images/Alamy/Kpzfoto (70); mauritius images/Endless Travel/Alamy (144/145); mauritius images/Hemis.fr: P. Jacques (104/105); mauritius images/ Hemis.fr/JACQUES Pierre: M. Ramirez (42); mauritius images/imagebroker: S. Kiefer (83); mauritius images/ Onoky: B. Bacou (62/63); mauritius images/Zoonar/Alamy (25); MG de Saint Venant (147); Schapowalow: R. Spila (12/13), L. Vaccarella (14/15); vario images/Cultura RF: G. Barriga (102/103)

18., aktualisierte Auflage 2023
© MAIRDUMONT GmbH & Co. KG, Ostfildern
Autorin: Kathleen Becker; Redaktion: Jochen Schürmann; Bildredaktion: Gabriele Forst
Kartografie: © KOMPASS-Karten GmbH, Karl-Kapferer-Straße 5, A-6020 Innsbruck unter Verwendung von Kartendaten: © MairDumont, D-73751 Ostfildern (S. 116–117, 119, 123, 126, 130, Umschlag innen, Umschlag außen, Faltkarte); © KOMPASS-Karten GmbH, kompass.de unter Verwendung von © OpenStreetMap Contributors, osm.org/copyright (S. 28–29, 31, 37, 43, 46, 49, 61, 66–67, 80–81, 92–93)
Als touristischer Verlag stellen wir bei den Karten nur den De-facto-Stand dar. Dieser kann von der völkerrechtlichen Lage abweichen und ist völlig wertungsfrei.
Gestaltung Cover, Umschlag und Faltkartencover: bilekjaeger_Kreativagentur mit Zukunftswerkstatt, Stuttgart; Gestaltung Innenlayout: Langenstein Communication GmbH, Ludwigsburg
Spickzettel: in Zusammenarbeit mit PONS Langenscheidt GmbH, Stuttgart
Konzept Coverlines: Jutta Metzler, bessere-texte.de
Printed in China

MARCO POLO AUTORIN
KATHLEEN BECKER

Die Autorin, Übersetzerin und Reiseleiterin mit hessisch-irischen Wurzeln war 2001 zum ersten Mal in Lissabon, um für den Rundfunk über ein Fadofestival zu berichten, später wurde die Stadt ihr Zuhause. Sie kam wegen der Liebe – und blieb wegen der Stadt: wegen ihrer Farben und Kontraste, ihrer sanften Melodien, ihrer Geschichte(n) und einem internationalen Freundeskreis aus Leuten, denen es genauso ging.

BLOSS NICHT!

FETTNÄPFCHEN UND REINFÄLLE VERMEIDEN

VORDRÄNGELN

An den Bus- und Tramhaltestellen läuft es very British: Man steht brav in der Schlange, und das wird von den Einheimischen gruppendynamisch kontrolliert. Wer keinen Tobsuchtsanfall des Fahrers riskieren will, steigt auch nie hinten ein!

ZUM DANK GRACIAS SAGEN

Danke heißt auf Portugiesisch *obrigada* (weibl. Sprecher) und *obrigado* (männl. Sprecher), egal mit wem du sprichst. Also im Zweifelsfall lieber *Thank You* als das spanische *gracias*.

AUF DEN GRUSS AUS DER KÜCHE ZÄHLEN

Brot, Käse, Oliven, Schinken warten schon auf dem Restauranttisch? Schön! Dieses *couvert* kann teuer werden. Laut Gesetz müssen Gäste nichts zahlen, was sie nicht bestellt bzw. konsumiert haben, und der Preis dieser Posten muss auf der Karte stehen bzw. kommuniziert werden. Am besten das, was du nicht möchtest, gleich zurückgehen lassen und am Ende die Rechnung checken.

SICH LORBEER ANDREHEN LASSEN

Im toleranten Portugal ist der Besitz von Minimengen Cannabis zum Eigengebrauch legal. Trickreiche Zeitgenossen nutzen die Ahnungslosigkeit von Touris aus und verkaufen gepressten Lorbeer. Teures Vergnügen ohne High …!

UNVORSICHTIG SEIN

Portemonnaie in der Hosentasche, iPhone auf dem Cafétisch oder Wertsachen im Rucksack sind eine Einladung an Diebe. Auch wenn's peinlich aussieht: Rucksack nach vorn! Nachts in dunklen Gassen nie alles Geld dabeihaben oder zu offensichtlich Kamera oder Handy zeigen. Frauen werden zwar seltener Opfer von Anmache als in anderen südlichen Ländern – derbe Kommentare sind sogar gesetzlich verboten –, trotzdem Vorsicht, klar, und lieber ein (günstiges!) Taxi nehmen.